偉大なる先人と
迷える賢人達に

黄昏のアマゾンを行く。

メシアナ島の帝王。奇跡と歓喜の瞬間。

地球の5分の1の淡水と、3分の1の酸素を作り出す悠久の大地。
偉大なる先人の足跡。

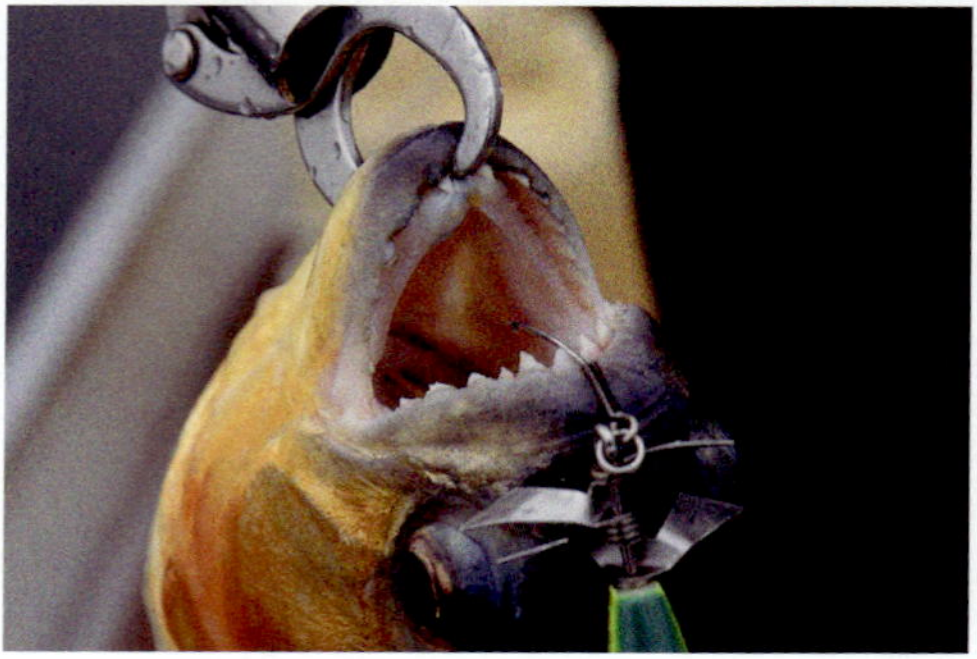

トライローン。クルル・アスー川の暴君。
こいつの体には火薬が詰まっている！

右上／リオネグロの黄金。世界じゅうのルアーアングラーの憧れ。
右中／ピラーニャ。アマゾンの赤い悪魔。
右下／夕陽のフィッシャーマン……。バハマンサ・ロッジの風景。

このバルゼアのどこかに、怪物が潜んでいる。

歴戦の勇士。
信頼すべき真の道具。

オーパ!の遺産

柴田哲孝

祥伝社文庫

目次

第五章　メシアナ島の帝王《ピラルクー》

本文写真／残間正之

第一章　リオ・ネグロの黄金《ドラード》

グラン・チャコへの道

空に厚い雲がたれこめている。

南からの冷たい風が、湿気を帯びた、肌にからみつくような大気を運んでくる。

九月一四日午後一時――。

引退間近のテコテコ（小型飛行機）は、草原を踏み固めただけのアキダワーナの滑走路を数回はずみながら大空へと舞い上がった。

機体が分解しそうなほどけたたましくうなるエンジンは、だが力強く、日本から来た数名の釣り師、所帯道具、膨大な量の釣り道具をその腹に呑《の》み込んだまま次第に高度を上げていく。間もなくアキダワーナのささやかな町並が後方に遠ざかり、広大な牧草地も終わると、視界にパンタナールの大湿原が広がった。

色とりどりの緑の絨毯《じゅうたん》が、延々と、とめどもなく、地の果てまで続いている。ところどころに小さな森が寄りそうようにしがみつき、干上がりかけた湖や、池や、沼が点々とちりばめられている。その間を遊ぶように、時には大胆に、時にはつつましやかに、大小様々な流れが勝手気ままな曲線を描いている。上空二〇〇メートルから

テコテコ（小型飛行機）はアマゾンのタクシーである。
釣り場への唯一の足。

の眼界《がんかい》に広がるパンタナールは、偉大な哲学者が勝手気ままな意志をキャンバスに託した抽象画のようにも見える。

　パンタナールは、ブラジル、ボリビア、パラグアイの三ヵ国にわたって広がる世界最大の湿原である。その面積は雨季、乾季、もしくは年代やほか様々な要因によって拡大縮小を繰り返しているために正確には計りようもないが、日本の約一・五倍といえば想像しやすいかもしれない。ブラジルではマットグロッソ州、南マットグロッソ州の二州をまたぎ、グラン・チャコ（偉大なる湿原）とも呼ばれる。主な河川はラプラタ川水系のパラグアイ川で、その支配下にある大小無数の支流が網の目のように大地に拡散している。

毎年一二月から翌年の三月にかけてのエンシェンテ（雨季）になると、川は氾濫《はんらん》につぐ氾濫、合流につぐ合流を繰り返して勢力を強め、湖や池を統合しながら湿原全域へと侵略を始める。森は水中に没し、魚は森の中にあふれ、高台につくられた町や村、牧場などは、陸の孤島として取り残されることになる。

ここでひとつ、誤解を解いておかなくてはならない。パンタナールはよく日本で思われているように、けっして〝アマゾンの一部〟ではないということだ。パンタナールはあくまでもパンタナールであり、アマゾンは一〇〇〇キロ以上も北に流れるアマゾン川流域の熱帯雨林を意味する。

「ブラジルで釣りをしないか」

そんな話が風の便りに乗って聞こえてきたのは二ヵ月ほど前のことだった。

人間、都市、文化、社会に対する絶望は日本だけの徴候ではないようで、近年は世界各国でエコ・ツアーなるものが人気を集めている。国立公園を設定し、動植物を保護しながら、「とっていいのは写真だけ。残していいのは足跡だけ」の理念の元に観光客を誘致する。ところが自然資源の超大国であるはずのブラジルは、なぜか対日本に関してはこの時流に乗り遅れていた。

そこで同国最大の航空会社であるヴァリグ・ブラジル航空と旅行代理店のツニブラ

トラベルが手を結び、一計をめぐらすことになった。しかし、そこは超大国ブラジルである。エコ・ツアーをやるにしても、「何も取るな」などとけちなことはいわない。ブラジルには世界最大の大河アマゾンがある。世界最大の湿原パンタナールがある。そこにはブラジル全土の国民の食卓をまかなってあまりあるほどの、膨大な量の淡水魚がひしめきあっている。見るだけではつまらない。どうせなら、思う存分に釣ってもらおうではないか。

そのような経緯があって、ブラジル側から日本の釣り師の何人かに声が掛けられた。エコ・ツアーを企画する前に、ブラジルの釣りがいかがなものか、実際に試してもらおうというわけである。人選は一応著名な釣り人ということになっているが、人間も魚も基本的にはいっしょで、大物は餌《えさ》に飛びつきにくいという定説は否定し難いことをお断りしておきたい。

メンバーはむさくるしき男三名、うるわしき女性釣り師二名の計五名。これにヴァリグ・ブラジル側からイザヴー・パイヴァ・ブリット・Jr.氏、ツニブラトラベルから逸見薫氏がお目付け役に同行する。さらにサンパウロからは地元在住のグランデ小川氏が合流し、総勢八名の大所帯となった。

パンタナールのパノラマに見とれているうちに、テコテコは次第にエンジン音を絞り込み、高度を下げ始めた。地平線が垂直になるほど機体を傾けながら旋回に移ると、目の前にリオ・ネグロ（黒い川）と、そのほとりにたたずむバハマンサ・フィッシング・ロッジの赤い屋根が見えた。やがてテコテコは翼を左右に振ってバランスを取りながら、何もない草原の上にその身軽な機体をはずませた。

曲がったまま固まりかけた体をテコテコから引きずり出し、よろけながらパンタナールの大地を踏みしめた時には、すでに東京を発ってから約三六時間が経過していた。

遠い。しかし、充足はあった。

日常と冒険の隔《へだ》たりとして、三六時間という時間は、ある意味で理想的な距離感であるのかもしれない。

南風の季節

バハマンサ・フィッシング・ロッジは、文明から隔絶された現代のオアシスである。古い牧場を改築した母屋《おもや》の他に、五室の客室が並ぶロッジが一棟と、食堂のガゼボが一棟。電気は発電機に頼っているために、時折電球がホタルのように点滅する。

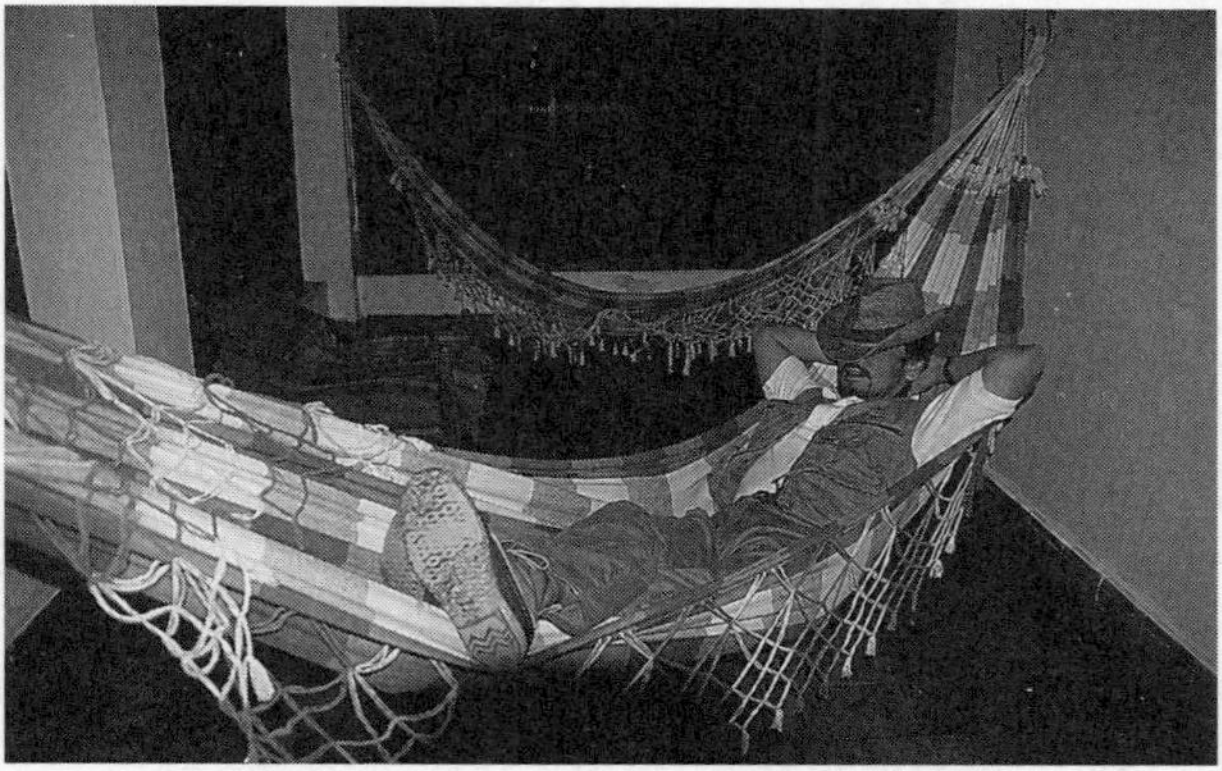

ハンモックは夜風を楽しむための最高の道具である。

ガスもない。煮炊きやシャワーの湯には、毎年雨季の後に膨大な量の流木が流れつくので、それを焚《た》き木として使っている。

あるのは清潔なベッドと、温かい食事、そしてここで働く人々の素朴な笑顔。それだけだ。もし魚も釣れず、風もない寝苦しい夜があれば、網戸で囲まれたポーチにハンモックを吊し、虫の声を聞きながら眠ればいい。

ロッジの目の前に、リオ・ネグロが悠久の流れをたたえている。大河パラグアイ川の支流である。リオ・ネグロとは黒い（ネグロ）川（リオ）という意味で、ブラジル国内には同じ名の川が無数に存在する。アマゾンの支流のひとつにもリオ・ネグロがあるが、混同してはならない。腐葉土や流木の豊かな養分が溶け込んだブラック・ウォーターの川は、ブラジルではしばしばリオ・ネグロと呼ばれる。

この川には、ドラードという魚が棲《す》んでいる。

ドラードとは、ポルトガル語で黄金の意味である。その名のとおり、黄金に輝く美しい魚である。体形は鮭に似てアブラビレがあるが、まったくの別種である。むしろ日本でも熱帯魚としてお馴染《なじ》みの、ネオンテトラなどのカラシンに近い仲間である。

しかしドラードは、大型になる。大物は一メートル、一〇キロにまで成長する。かつてまだパンタナールが人跡未踏の地であった頃には、二〇キロを超える大物が川にひしめきあっていたとも聞いたことがあった。

この魚が日本に最初に紹介されたのは、故・開高健《かいこうたけし》氏の著作『オーパ!』（集英社／一九七八年）ではなかったかと思う。氏はその著作の中で、「ブラジルでは〝河の虎《ティーグレ・デ・リオ》〟と呼ばれる」と書いている。確かに真一文字に裂けた口の中に並ぶ鋭い歯。狂気の宿る双眸《そうぼう》。写真を見る限り、本家の虎にも引けをとらぬ異相である。

またドラードは、卓抜したファイターとしてもその名を知られている。鉤《つりばり》に掛かった瞬間に、とてつもないスピードで疾《はし》る。ジャンプを繰り返す。上流に突進する。変幻自在に暴れ回り、最後までけっしてあきらめようとしない。狡猾《こうかつ》で、抜け目ない。一度でもそのファイトを経験した者は、おそらく世界の淡水魚の中で最高のゲームであることを口を揃えて認め、称賛をおしまない。すべての釣り師にとってドラードは憧《あこが》れであり、夢であり、人生最高の目標でもある。

そして、幻である。かつてドラードはブラジルだけでなく、パラグアイ、アルゼンチン、ボリビアにも棲んでいた。ブラジルでもパラグアイ川水系だけでなく、サンフランシスコ川、パラナ川などどこででも釣れた。どの川でもその雄姿を見ることができた。しかし近年は各地での乱獲がたたり、開発によって生息域が狭《せば》められて、ドラードもお決まりのようにその数を減らしつつある。いることはいるのだが、釣ろうと思っても万にひとつの幸運に頼るしかない。現在安定した数を保ち、狙って釣ることができるのは、パラグアイ川支流のリオ・ネグロ一帯と、アルゼンチンのサンフランシスコ川流域だけだともいわれている。

リオ・ネグロにおけるドラードのシーズンは、雨季が終わり水が引き始める頃の五月から七月である。八月に入り、南風が吹く季節になると、大物は群れをなして上流に去ってしまう。

「運が良ければ釣れるでしょう。小さいのは残っているかもしれない。一匹か、二匹か……」

日本を出発する前に、サンパウロのグランデ小川氏からそのように聞かされていた。しかし本格的に釣りに身をやつして二〇年になるが、ベストといわれる状況にはこれまでほとんど縁がなかった。それでもなんとかここまでやってきた。小物が一匹でも釣れれば十分である。相手は天下のドラードなのだ。光栄ではないか。

着いた日の午後、とりあえず荷物を部屋に運び込み、腕が鳴るのを我慢しきれずにさっそく川に出ることになった。八人の釣り師が、ガイドと共に二人ずつボートに乗り込む。

「良くないな……」

どんよりと雲のたれこめる空を見上げながら、グランデ小川氏が一言そう呟いた。かすかに、南風が吹いている。南半球に位置するパンタナールでは、南風が吹くと気温が下がる。水が冷たくなる。魚たちは餌を追わなくなり、倒木の下や、深い淵に潜り込んで居眠りを始める。

最初はツニブラトラベルの逸見氏と組むことになった。

ボートは上流に向かった。岸の上には無数のジャカレ（カイマンワニ）が体を並べて横たわり、その横ではカピバラが南風に吹かれながら物憂気《ものうげ》に草を食《は》んでいる。パンタナールの象徴であるトゥユユ（ズブロハゲコウ）やベニヘラサギなどの水鳥が次

世界最大のげっ歯類カピバラ。
ブラジルではネズミがブタよりも大きい。

魚を狙うオオカワウソ。
貴重な写真である。

から次へと視界の中に現れては去っていく。

一瞬、巨大なテーマパークにでもいるような錯覚が脳裏を過《よ》ぎる。しかし、ここにいる動物たちは作り物ではない。まして、飼われているわけでもない。すべて、野性なのだ。その事実をあらためて噛《か》みしめた時、それまでの不安がすべて消え失せた。パンタナールは荒れたという。昔の面影はないともいう。しかし、パンタナールはパンタナールなのだ。世界一の、グラン・チャコなのである。

小さな流れ込みの合流地点に差しかかった時に、ガイドがエンジンを止めた。他の船はさらに上流へと向かっていく。あとは流れにまかせながら、時折エレキ（電動モーター）で方向を修正し、川を下るだけの無精な釣りである。ガイドはデッキにゴロリと横になり、ぼんやりと風景を眺めながら、タバコを吸い始めた。まったく、やる気があるのかないのか。ところがこのガイドが、後に思いがけない達人であることが判明するのだが。

我々の釣り方は、ルアー・フィッシングである。いわゆる疑似餌《ぎじえ》を使うもので、これをポイントにキャストし、弱った魚などに見たてて泳がしながら獲物を誘い出す。もちろんドラードは餌でも釣れるし、その方が確率も高い。しかし魚とのだまし合いという掛け引きの面白さ、釣り味、攻める楽しさ、すべてにおいてルアー・フィッシングの方に哲学がある。さらに人と魚とが出会う時、その関係に介在するものとして、生の餌よりもオモチャのようなルアーの方がいくらかはフェアであるようにも思う。確かに確率は低くなるが、釣った魚の価値もまた二倍になる。

最初は様子見ということで、ポッパーをつけて投げてみた。これは水面で音を立てるルアーで、反応があれば目で確認することができる。魚の活性を試すにはもってこいのルアーである。

まだ五投目か六投目だった。何気なく投げたルアーに、竿先で軽くアクションを加えたところで、黄金の小さなひらめきがあった。

それを合図に、ラインが上流に疾った。次の瞬間には四〇センチほどの黄金の魚体がいきおいよく水面から飛び出し、宙を舞った。二度、三度、跳躍を繰り返した。

ドラードは、手のつけられない暴れ方をする魚である。その動きにまったく一貫性がない。右に跳んだかと思うと、今度は一瞬の間もおかずに左に跳ぶ。ラインがゆるみ、外れたのかと思うとボートのすぐ目の前から飛び出してくる。それでも無駄と知ると右に疾り、左に疾り、最後はスズキ族の魚のようにエラアライまでやってのける。

しかしいかにドラードといえど、四〇センチほどの小物では抵抗にも限度があった。気がつくと、ボートの底に黄金の魚体を横たえていた。初めて見るドラードは、噂に違《たが》わず美しく、河の虎にふさわしい獰猛《どうもう》な面《つら》がまえをしていた。

それからもポッパーを投げると、幾度となくドラードが攻撃を仕掛けてきた。南風などどこ吹く風のやんちゃ振りである。しかし、なかなかルアーに乗らない。たとえ掛かったとしても、例のごとく跳躍につぐ跳躍で簡単に鉤を外してしまう。圧巻なのはその後で、すでに自由の身であるにもかかわらず、跳躍を繰り返しながらミサイルのようないきおいで上流に泳ぎ去っていく。

二匹目に釣れたのはまだ三〇センチそこそこの小魚だった。しかしこれもとんでもないやんちゃ坊主で、自分の体の半分以上もある一八センチのポッパーをしっかりその口にくわえていた。

ルアー・フィッシングは初めてという逸見氏も、帰り間際にやはりポッパーで一匹掛けた。これは六〇センチ近い大物だった。五分間ほどの格闘の末にやっとボートの上に引きずり上げたが、その暴れ振りは見ているだけでも勇壮だった。

我らが迷ガイドは、あいかわらずぐうたらを決め込んでいる。川の流れにボートをまかせきりで、陸に近づきすぎた時だけちょちょいとエレキを回す。しかし、実際に魚は釣れているので、文句も言えない。そのうちロッジの前まで流れついてしまい、

ドラード。ティーグレ・デ・リオ（河の虎）。
黄金の凶器！

我々のチームだけ早目に上がることになった。

しばらくして上流に遠出したボートも、一組、また一組と帰ってきた。いつものように、ごく自然に釣果《ちょうか》の話になる。しかしここで、奇妙なことがわかった。この日、ドラードが釣れたのは、私たちのボートだけだったのだ。事情を察した我がぐうたらガイドは、親指を立て、どうだといわんばかりにニヤリと笑った。

ワニを釣る

男が集まって酒を飲めば四方山《よもやま》話に花が咲くのは世界共通の習慣だが、ブラジルではどうも話が大きくなりすぎる傾向がある。世界一の大河アマゾンが流れ、世界一の大湿原パンタナールが広がり、そこには無数の珍魚、怪魚、巨大魚がひしめきあっているのだから話に尾鰭《おひれ》がつくのも当然なのだが。

しかし、これらの話をよく聞いてみると、あながち大法螺《おおぼら》と決めつけて笑いとばせないものも少なくない。特に鳥獣虫魚に関しては、事実を事実のままに話したとしても、実際に見るまでは信じる気にすらならないような話がいくつもある。

たとえば体長一メートルのミミズの話。まさかとは思っていたが、カンポグランデの町で釣り具屋に寄った時、実際にこれを餌として売っていた。太さが私の手の親指ほどもある。ためしに伸ばしてみると、一・五メートルほどになった。

パンタナールではネズミがブタよりも大きくなるという話。これも実話である。リオ・ネグロ周辺にいくらでもいるカピバラは、実は齧歯《げっし》類であり、間違いなく世界最大のネズミである。成長すると、体重は六〇キロ近くにもなる。加えてパンタナールにはペカリーという世界最小のブタが棲《す》んでいる。こちらはせいぜい四〇キロから五〇キロくらいにしかならない。本当にブタよりもネズミの方が大きいのである。

ピラーニャ（ピラニア）も四方山話の常連である。このブラジルの川にならどこにでもいる殺し屋は、カミソリのような歯が並ぶ万力《まんりき》のような顎を持ち、人喰い魚の悪名で知られている。魚、カピバラ、牛、馬、人を問わずすれ違いざまに肉を食いちぎり、群れを成して襲いかかり、最後は骨になるまで食いつくす。リオ・ネグロにも、ピラーニャ・アマレロという体長三〇センチを超える大型種が棲んでいる。

ピラーニャの話になると、ブラジルの片田舎で生まれ育ったイザウー氏が身を乗り出してきた。

「あれは本当に恐ろしい魚です。ガウショ（牧童）は川を渡る時、一頭の牛を犠牲にしてピラーニャに食わせ、本隊はその上流を渡るんです。人が食われることも珍しくありません」

確かにそのような光景を、どこかの映画かなにかで見た覚えがあった。しかしイザウー氏に実際にピラーニャが牛を食うところを見たことがあるのかと訊ねると、彼は首を横に振った。では見たことのある人を知っているかと訊ねると、やはり首を横に振った。結局「ピラーニャが牛を食う」ということについては確かめるわけにもいかず、うやむやになってしまった。

しかし、ピラーニャが悪食《あくじき》な魚であることは疑いのない事実である。ある時、一〇センチほどの小さなピラーニャがルアーに釣れてきた。それを生きたまま餌にして、何か大きな魚でも釣れないかと川に流してみた。するとしばらくしてゴッゴッとした無気味なアタリがあり、リールを巻いてみると、釣れてきたのは三〇センチほどの大きなピラーニャだった……。

しかし真実は常に靄《もや》の中にかすんで見えてこない。このような土地柄なので、アマゾンやパンタナールの話は安易に信用すべきではない。たとえ私がここに「一メートルのドラードが釣れた」と書いたとしても、写真でも見せられない限り、フンと鼻で笑いながら聞き流すべきである。釣った魚が日ごとに大きくなるのは釣り師の悲しい性《さが》だが、ブラジルの魚は特に成長が早く、一日で二倍、一週間で三倍、一カ月で一〇倍になることもけっして珍しくはない。

ではここで、私のパンタナールの体験談をひとつ。ある朝、水辺に立ち込んでルアーを投げていると、突然ガツンと大きなアタリがあった。最初は根掛かりかと思い溜め息をついた。しかし、次の瞬間、一六ポンドのラインに合わせて締め込んだドラグをものともせずに、敵は怪力にものをいわせて突進を開始した。

最初は何がなんだかわからなかった。ドラグが悲鳴を上げ、ロッドがミシミシと音を立てた。それでもなんとか体勢を立て直し、リールを巻きに掛かるが、少し寄せたかと思うとまた倍の量のラインが出てしまう。

そんなことが、一〇分、二〇分と続いた。そのうち相手も疲れてきたようで、少しずつ岸に近づいてくる。そして三〇分後、目の前の水面に現れたのは、魚ではなく約二メートルのジャカレだった。

ガイドが口にロープを掛けてランディングに成功したが、はたしてこの獲物をどうするべきか。極上のスープがとれることは以前から聞いていたが、浦島太郎の話を思い出し、次回は竜宮城に案内してもらう約束をかわして逃がしてやることにした。

このいきさつには三人の証人と、ビデオ、写真の証拠が残っている。もちろん信じる信じないは、皆様の勝手ですが……。

怪物との遭遇

グランデ小川氏の人生もまた、ブラジル流の四方山話のネタとしては卓越している。本名は小川芳男。一九五二年の東京生まれだが、日本大学で応用地理学を学んだ後、二四歳でブラジルのマナウスに渡り魚の剝製《はくせい》の技術者として働くようになった。しかし本来の目的は「釣りをすること」であったようで、仕事はそっちのけでアマゾン流域の釣り学の探究にいそしむことになった。ところがそのうちどこで、どのような手を使ったのかは定かではないけれど、怪魚珍魚にまざってボニータ（美女）が一四（一人）釣れてしまった。

「魚と違ってキャッチ・アンド・リリースってわけにもいかんからな」

間もなく子供が一人できて、ブラジルの法律にのっとって永住権を獲得することになり、小川氏はそのままブラジルに居ついてしまった。以後はアマゾン川河口の町べレンに移り住み、しばらくは仕事もやめてプータロウを決め込んでいたが、何かブラジルらしいことをやろうということで熱帯魚の採集、輸出を始めた。現在はサンパウロに住み、釣り学の探究もかねてフィッシングガイドや撮影コーディネーターもこなしながら、アマゾン川、サンフランシスコ川、パンタナールと広くブラジル全土を回遊する。

タバコを片手にドラードを軽く手玉にとり、夜はウイスキーを生《き》のままでクイッとひっかける。ボニータなどは朝飯前で、腕っ節はブラジル人も一目《いちもく》を置く。一見粗野に振るまうことを潔《いさぎよ》しとするが、話をしてみれば知識、教養、人生哲学が強か《したた》に滲《にじ》み出す一面を持っている。近年日本ではダンディズムという言葉が絶滅の危機に瀕《ひん》しているが、小川氏は数少なくなった継承者の一人であろう。ブラジル流にいうならば、正《まさ》にエル・マチョ（男一匹）といったところ。私も若い頃から世界じゅうの荒野で無茶の限りをつくしてきたが、小川氏には素直に脱帽せざるを得ない。

ジャカレ。
パンタナールの水辺にはどこにでもいる。

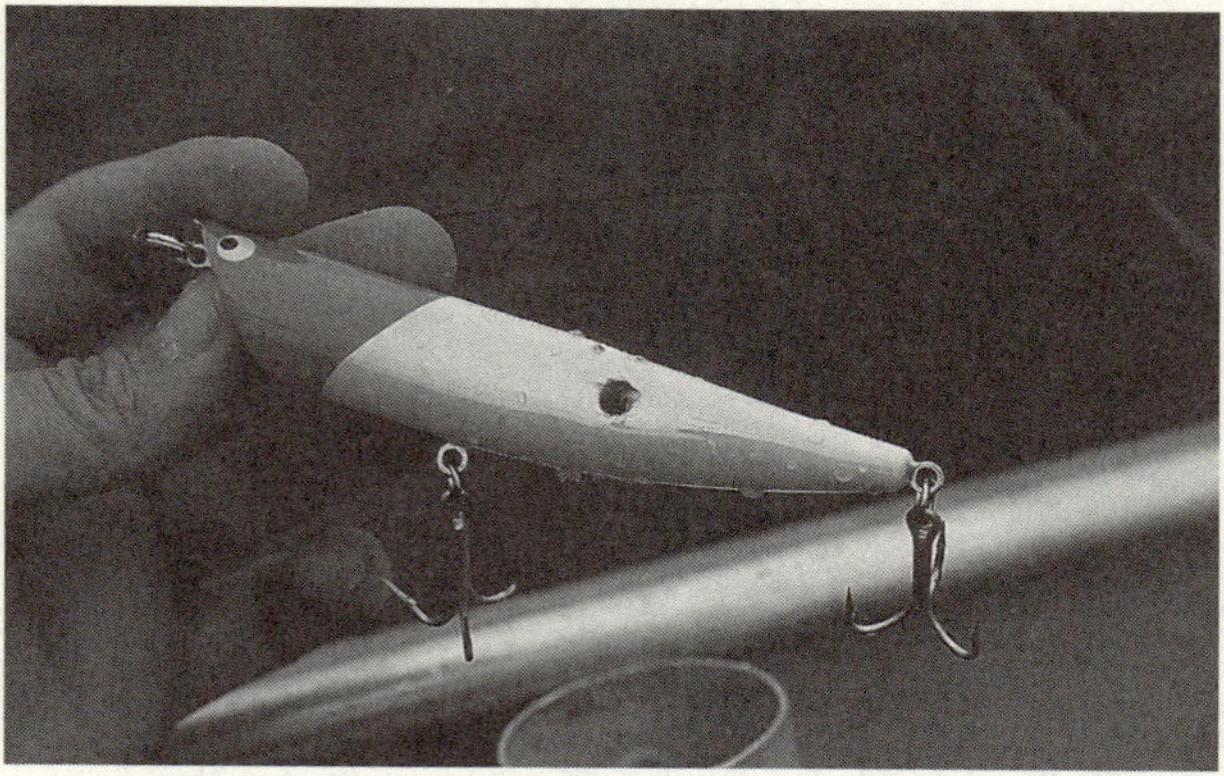

ジャカレを釣ったら、新品のルアーが一発でこうなった。

二日目の午後、小川氏と一計をめぐらした。

「そろそろドラードもあきてきましたな」

「ヨッシャ。それじゃあ夜は、ピーちゃん（ピラーニャ）のスープとスルビン（大ナマズ）で一杯といくか」

バハマンサのロッジでは、食べたい魚は自分で釣ってくるのがルールである。

事前に用意してあったナイフフィッシュのベイト〈餌〉をバケツに一ダース積み込み、下流の深場のポイントにボートを走らせた。狙いはスルビンの一種、ピンタード（タイガーシャベルノーズ・キャット）である。これはナマズの一族としては珍しい快速の持ち主で、大きさはレギュラーで一〇キロ前後。二〇キロ、三〇キロという大物も珍しくはないという怪物である。実はパンタナールに来るにあたり、ドラード以上に釣ってみたかったのがこのピンタードであった。

ポイントに着き、鉤にナイフフィッシュを一匹掛けて深い流れに落とす。鉤は口からエラに抜き、なるべくベイトを傷つけないようにしなくてはならない。もし血が流れれば、たちまちピラーニャに嗅ぎつけられて大切なベイトを台なしにされてしまう。ロッドやリールは三〇ポンドクラスというマグロでも釣れそうな大仕掛けである。

ドラードのグリル・ライム添え。
味は鮭に似ている。

ピラーニャはゾッパ（スープ）にするといける。
酒の肴になる。

それでも釣れてくるのはピラーニャばかりだった。

「またピラーニャだ」

「こっちもピラーニャだ」

「別れた女もたまには顔を見るのもいいものだけどな」

「でも二度と顔も見たくない女ってのもいるぜ」

そのうち二人で歌いだした。

「顔も〜〜見たくないほどぉ〜〜あなたに〜〜嫌われるなんて〜〜。おれ達ゃピラーニャの殺し屋だァ〜〜」

なんだかトム・ソーヤーとハックルベリー・フィンが海賊になった時のような気分。スープ分の目標の一〇尾がたちまち釣れて、ボートの中がピラーニャだらけになった。

しかし、ベイトのナイフフィッシュが次々とピラーニャの餌食にされ、残りが心細くなってきた。どうも深場では次々に投げ込まれるベイトを待ち受け、ピラーニャの群れが集結し、大宴会を開いている様子である。そこで貴重なベイトをこれ以上ピラーニャに進呈するのもしゃくなので、気紛《きまぐ》れに逆の浅場の方に投げてみた。

最初に、小さくゴッンと来た。ピラーニャでないことはすぐにわかった。しかし、一気にもっていくようなドラードのアタリでもない。一瞬、心地よい緊張が、静かに忍び寄った。

ロッドを寝かせ、ラインを送り込んだ。もう一度、今度は大きく、ゴッンと来た。そこで、体をのけぞらすように合わせた。

ロッドが根元まで一気にのされた。しかし、ロッドが立たない。突進を止められない。三〇ポンドのラインに合わせてドラグをロックしてあるはずのABU七〇〇〇Cのベイトリールが、為す術《すべ》もなくラインを吐き出していく。そして、力まかせにロッドを立てようとした瞬間、パンという乾いた音と共にラインが切れた。

「ピンタードだ。二〇キロはあったな」

小川氏が笑いながら言った。

そんなことが有り得るだろうか。私はこれまで世界各地の海、川、湖で大物と渡り合ってきた。セイルフィッシュ、スパニッシュ・マッカレル、ロングテイルツナ、ジャイアント・トレバリー、そしてバラマンディ。二〇キロを超えるトロフィーも、数多く経験している。腕力にも、多少の自信はある。しかし、魚の突進を止められないという経験は、一度もなかった。

リールを巻き上げると、三〇ポンドのラインはまるで引き千切られたようにむしり取られていた。いったい、どのような怪物が、このような荒業をやってのけるのか。しかし、それがパンタナールなのである。

完全なる敗北であった。

ドラード、ドラード

バハマンサに入って三日目の朝に、大阪から参加した藤原きよみちゃんが奇妙なことを言いだした。きよみちゃんは関西では雑誌の他にテレビのレギュラーも持つ著名な女流釣り師である。

「私、ピラーニャを釣りたい。まだ一匹も釣れてないの……」

ピラーニャは、ブラジルでは水さえあればどこにでもいるといわれる魚である。ルアーでも釣れるし、餌でも釣れるし、時には鉤を沈めただけでも釣れてくる。釣りたくなくても釣れる。いいかげんにしてくれというほど釣れる。顔も見たくないほど釣れる。しかしきよみちゃんは、ドラードはさんざん釣ったにもかかわらず、ピラーニャだけはどうしても釣れないのだという。パンタナールでは、時として理解に苦しむようなことが起こる。

ドラードに関しては、各自順調に探究が進んでいた。私も幾度となくお手合わせを願う機会に恵まれ、少しずつこの魚の性格がわかってきた。

ドラードは、どうもブラックバスなどの他のフィッシュ・フィーダー（魚食魚）とは異なり、一定の根に居ついて餌を待つタイプの魚ではないようである。むしろ、川を自由気ままに行ったり来たりを繰り返す回遊魚であるらしい。もちろん倒木や立木の根元のポイント・キャスティングでも釣れるが、気紛れに何もない川の真ん中に投げても釣れてくる。深場にもいるし、浅場にもいる。流れの速い場所にもいるし、淀みにもいる。一定のパターンというものがない。

ルアーはポッパーなどのトップウォーターによく反応するが、水に潜るシンキングのミノーでもよく釣れる。しかしトップにちょっかいを出すのは小物が多く、鉤掛りもしにくいので、釣果にこだわるならばシンキングのミノーに分がある。色は赤金、レッドヘッド、ファイヤータイガーなどの赤のまざったもの。特に曇りの日には、何故かファイヤータイガーに卓効があった。

不思議なのは最近の日本製のスーパーリアルと呼ばれる高級ルアーの類にはほとんど反応を示さないことである。逆に、アメリカ製の、オモチャのようなルアーにばかりバイトしてくる。人間には本物に見えても、魚にはそうは見えないということか。

固定概念をあっさり粉砕されて、目から鱗が落ちた。ともかくパワー、スピード、攻撃的な性格、美しさ、すべてにおいて、ルアー・フィッシングの対象魚としては世界の五指に入る逸材である。

バハマンサ最終日の午後、残間正之氏と腕比べをすることになった。通称残間キャパ。本業は写真家であるらしいのだが、時には釣り文学の作家として本を上梓し、またある時には雑誌のプロデューサーとしても辣腕《らつわん》を振るう。一年の半分は釣り竿を片手に世界を放浪するという謎の多い人物である。

残間キャパはまた日本の釣り師の間で知る人ぞ知る『牡《おす》の会』の副会長を務めている。これはきわめて入会基準の厳しい会で、体長一メートル以上の魚を釣ったことがあること、海外遠征を三〇回以上経験していること、酒豪であること、幸せな家庭に縁がないことなど会則は多岐《たき》に及んでいる。現在会員は二名。ちなみに会長は、私。

残間キャパと差しで勝負をするのは久し振りである。かつてはアメリカ、オーストラリア、ニュージーランドなどをフライのザンマ、ルアーのシバタの二人で荒らし回ったこともあった。

この日も残間キャパはフライ・ロッドを手にボートに立った。ボートを流れにまかせながら、交互にフライとルアーでポイントを攻めつつゆったりとリオ・ネグロを下っていく。普通ルアーとフライは相反するものとされ、同じボートで組むことを嫌う向きも多いが、気心が知れていればむしろその距離感は理想的なものとなる。お互いが腕を信頼していれば、時には異なる特性を利用し合うこともできる。

残間キャパがピンポイントに決め、もし魚の反応があれば、一拍おいて私がそこにルアーを撃ち込む。私が岸際から魚を誘い出し、もし乗らなければ、そこを残間キャパがフライで狙う。

心地よいリズムでキャストが続いた。競い合い、譲り合いながら、ここぞと思うポイントを攻め続けた。すべてを忘れ、無心になった。

残間キャパはこれまで六〇カ国を旅し、計五〇種を超える魚種をフライ・フィッシングで仕留めた達人である。今回の目的はもちろんドラードだったが、最初の二日間は本業の写真がいそがしく自分の釣りに専念することができなかった。しかし最終日午後、私と同じボートに乗ると同時にカメラをフライ・ロッドに持ち換えた。そしてついに岸際のピンポイントからフライで黄金《ドラード》を誘い出し、自らの歴史に輝かしい一ページを加えることに成功した。

私もここで倒木の下から一尾、さらに流れの速い浅場から一尾の計二尾のドラードを追加した。これでバハマンサのドラードはルアーで六尾、餌釣りで一尾の通算七尾となった。しかし南風のせいか、季節によるものか、それとも腕が未熟なのか、最大でも若魚サイズのものばかりで、一メートルを超える怪物と出会うことはなかった。釣ったドラードはすべて再会を誓い、リオ・ネグロの豊かな流れに帰してやった。

気がつくと、いつの間にか冷たい南風は止《や》み、おだやかな北風に変わっていた。雲が割れ、パンタナールで初めての太陽が顔を出した。気温が上昇し、水温も上がりはじめた。黄昏《たそがれ》が忍び寄るのを待ちかねたように、水面のあちらでも、こちらでも、黄金の歓喜の舞いが始まった。

昨日までは、悪い夢を見ていた。

今日は、何かが始まる予感があった。

そして明日は、最高の一日になる。パンタナールの伝説を経験できるだろう。

しかし我々は、明朝、夜明けと共に荷物をまとめなくてはならない。テコテコにゆられ、陸路をひた走り、次なる出会いを求めてアマゾンへと向かわなくてはならない。

黄金の記憶と共に。

第二章　バウビーナの美女《ボニータ》

甘い海

いつの頃からだろうか。

どこかでアマゾンという言葉を耳にしたり、書物の片隅にその文字を目にする度に、なぜか駆り立てられるような思いが心を過《よぎ》るようになった。

それは、くすぶり続けてきたかすかな火種が、何かのはずみに炎をともすような感覚にも似ていた。もしくは、高揚といってもいい。一瞬、すべての現実が周囲から消え去り、時間が止まったような錯覚があって、溜め息がもれるのである。

私にとってのアマゾンは、夢であり、憧《あこが》れであり、ある意味では人生の目標でもあった。義務という言葉をあてはめて思いをつのらせたこともある。しかし、一方で、常にアマゾンの危機がどこからともなく聞こえてくる。開発。森林の伐採《ばっさい》。水質汚染。地球温暖化。異常気象。混迷する情報の中で希望と失望が交錯した。アマゾンに、時間は残されていない。

リオ・アマゾン（アマゾン川）は世界最大の大河である。ペルー領アンデス山中のラウリコチャ湖を水源とする本流は、主なものでも二〇〇以上の支流をしたがえながら南米大陸を横断し、河口の町ベレンで大西洋に注いでいる。本流の延長は約六五〇〇キロと聞くとあまりにも途方もなくて摑《つか》みどころがないが、日本列島の約三倍の長さと考えるといくらかは実感できる。支流まで含めた総延長は約五万キロにもなると知るとさらに途方もなくなってしまうが、地球を一周して一万キロほどあまるだけだと気がついてやっと安心する。川幅は河口部で約二五〇キロあり、その中央にマラジョ島という日本の九州くらいの島がある。河口から七五〇キロ上流まで潮の満干があり、ペルーのイキトスまで三七〇〇キロ溯《さかのぼ》っても高低差はたったの一〇〇メートルでしかない。ブラジル、ペルー、エクアドル、ボリビア、コロンビア、ギアナ、ベネズエラの計七カ国に及ぶ流域面積は七〇〇万平方キロ以上に達し、これはオーストラリア大陸の広さとほぼ肩を並べている。水の総量は地球の淡水の五分の一。流域の大半が、〝緑の地獄〟と呼ばれる赤道地帯の熱帯雨林に覆《おお》われ、地球の酸素の三分の一を放出する。以上、アマゾンについてごく簡単に説明するとそのようなことになる。

九月一九日、マナウス――。

初めてアマゾンを見た。

アマゾナス州の州都マナウスは、リオ・ソリモンエス（アマゾン本流）とリオ・ネグロの合流地点の北岸に位置するアマゾン中流域最大の自由河港都市である。北緯一度。ほぼ赤道直下。港に立って沖を眺めると、河口から一六〇〇キロ近く上流であるにもかかわらず対岸は水平線の彼方にかすんでしまっている。河には見えない。まるで湖か、深い湾のように、ただ蕩々《とうとう》と水をたたえている。しかしひとたび雨季が始まると、大河アマゾンは一変する。濁流と化して牙をむく。すべてを呑《の》み込み、毎秒一八万トンの水を押し流しながら、天変地異のごとく荒れ狂う。マナウスの港はすべて浮き桟橋になっているが、ヴァサンテ（減水期）からエンシェンテ（増水期）にかけて三〇メートルも水位が上下するといわれている。

「甘い海。昔、日本からの移民はアマゾンをそう呼んだんだ」

グランデ小川氏がひとりごとのように呟いた。

戦前の移民奨励策により、ブラジルに大量に渡航した日系移民がどれほどの苦労を味わったかについては、いまさらここで説明するまでもない。その中には開発不能といわれたアマゾン流域の、しかも奥地へと入植した人々もけっして少なくはなかった。緑の地獄と背中合わせに生きなくてはならなかった。その日系移民が、アマゾンを〝甘い海〟と呼んだ。

なぜ、甘い海なのか。そのあまりにも広漠とした水の世界を目にした時、〝海〟という表現に行き当たることは理解できる。しかし、〝甘い〟という一言が心に馴染まなかった。もし日本移民の生活の中から発生した言葉だとすれば、〝苦い海〟ではなかったのか。それとも単に、逆説的な言葉の遊びにすぎないのか。

甘い海、か。

わからない。

一九世紀の末から二〇世紀の初頭にかけて、マナウスは天然ゴムのアマゾン中流域唯一最大の中継港として前代未聞の好景気に沸《わ》き返ったことがあった。一攫《いっかく》千金を成したのはほとんどがヨーロッパから移住してきた商人だが、天から金や札束が降ってくるような騒ぎだったと記録に残されている。その莫大な利益にものをいわせたドンチャン騒ぎも途方もないもので、調度品から服、食材に至るまでをすべてヨーロッパから取り寄せ、逆に洗濯物をランドリーに送り返すというでたらめ振りだったという。

かつての栄華の名残りはいまも港を見下ろす丘の上に建つテアトロ・アマゾナス（アマゾナス劇場）に偲《しの》ぶことができる。彼らは、ヨーロッパのブルジョワ生活を徹底的にアマゾンの港町に再現することに固執した。当時、南米の小さな国なら丸ごと買えるほどの資金を湯水のごとくつぎ込み、ヨーロッパから大理石を運ばせ、職人を呼び、絢爛《けんらん》たる大劇場を建設したのである。しかもそれだけではあきたらず、本場のオペラ劇団やらバレエ団まで呼び寄せて、夜毎《ごと》の観劇と舞踏会に明け暮れた。

劇場の周囲には、ただ馬車の車輪の音を消すためだけに、天然ゴムを一面に敷きつめるという念の入れようであった。一メートル四方の天然ゴム一枚で、ブラジル人なら一家四人が一ヵ月は生活できたという時代に、である。しかし合成ゴムが発明されて天然ゴムの相場が暴落すると、栄華はアマゾンの大洪水が引くようにまたたく間に霧散《むさん》してしまった。

ヨーロッパの商人たちは好き勝手のあげく大半が本国に逃げ帰ってしまい、マナウスはまた元の静かな港町に戻ってしまった。テアトロ・アマゾナスの天然ゴムも、いつの間にかすべて引きはがされて消えてしまった。なんともアマゾンらしい御伽噺《おとぎばなし》ではあるまいか。

緑の地獄がアマゾンの一面であるとするならば、テアトロ・アマゾナスの栄華もまた別の本質である。アマゾンには、常に、両極端がとりとめもなく共存している。

殺し屋の湖

さて、ツクナレだ。

アマゾナス劇場。
前代未聞の宴の名残り。

岸壁に佇んでいると、
カノアの物売りがやってくる。

今回アマゾンを訪れた目的は、一も二もなくこのツクナレという魚を釣ることにあった。たかが魚のためにといわれれば申し開きに苦しむが、この放蕩《ほうとう》を正当化するとなるとヘミングウェイ文豪やらサンチャゴ老人やらに御登場いただかなくてはならない。長い話になるのも無粋なので、今回は割愛させていただくこととしたい。ただしツクナレは世界じゅうのルアー・アングラー垂涎《すいぜん》の名魚であるということ。この一点のみ。御理解のほどを。

まず、華麗な魚である。スペイン語ではパヴォンと呼ばれるが、いずれもクジャクの意味である。アマゾン水系には計一〇種類ほどのツクナレが生息するが、それぞれが工夫をこらした色彩の手法をもってきらびやかな色彩を競っている。共通点は必ず尾の付け根あたりに丸い斑紋を持つこと。これは敵を欺くための目のイミテーションである。まだ幼魚の頃、他の肉食魚に襲われた時、相手がどちらが頭かと迷っているうちに身をかわしてしまう。生存競争の激しいアマゾンで生き抜くための知恵である。

屈強のファイターでもある。英名は、ピーコックバス。その名のとおり、かのブラックバスと近縁のアメリカン・シクリッドの一族である。ただし、その怪力、快速、巨体、闘争心、すべてにおいてブラックバスの比ではない。なにしろピラーニャ一家だの大ナマズ組だのギャングがひしめくアマゾンの一方の顔役である。大型種のツクナレ・アスーのワールドレコードは約二八ポンド（約一二・六キロ）。平均的な成魚でも体長五〇センチを超える。しかも体長に対し、体高がある。もし同じサイズの魚ならば、ファイトの強烈さはブラックバスの二倍とも三倍ともいわれる。

リオ・デ・ジャネイロから駆けつけた中内、篠田の両君がマナウスで合流し、一行は総勢一〇名の大所帯となった。チャーターしたメルセデスのバスに同乗し、修学旅行気分で国道一七四号線を北に向かう。アマゾン流域にはほとんど道らしき道はないが、一七四号線は例外的な縦断道路である。そのまま北上を続ければ、何日か後にはカリブまで行き着くことになる。国道とはいってもブルドーザーで削《けず》った後にアスファルトを敷いただけの荒っぽいもので、森、草原、丘、谷、川、すべておかまいなしにただひたすら一直線に突き進む。そうかと思うと突然、大草原の真ん中で、まったく意味不明に鉤《かぎ》状に曲がっていたりもする。これはおそらくある地点とある地点から同時にブルドーザーで削っていくうちに、何かの理由で方向がずれてしまい、それを最も簡単な方法で修復した跡ではないかと推察できる。

別にあわてるでもなく。むしろ当然であるかのように。道は車が走るためのものだから、多少曲がっていたって誰かが損をするわけでもない。ブラジルはポンコツ車の一大生息地だが、それでもハンドルくらいはついている。ちょっとハンドルを切ればすむことじゃないか。つまり、そんなことだろうと思う。

ジャングルの中を約三時間ほぼノンストップで走り続け、バウビーナという村に着いた。ここはリオ・ネグロ支流のウォトウマン川に隣接する村で、二軒の釣り宿と一軒の食堂、一八人のガイド、バウビーナ湖という広大な湖があるだけの集落である。

バウビーナ湖は人工のダム湖である。お決まりの筋書きでどこかの政治家が利権がらみで大金を掻き集め、国民がフットボール（サッカー）に熱中している間にコンクリートでウォトウマン川をふさいでしまった。当初の目的は発電であったらしいが、水位の高低差があまりにも少ないために用を成さなかった。ブラジルではどこにでもあるような話。しかしなぜかわからないが魚たちはダムを気に入ったようで、ツクナレ、アロワンナ、サルディーニャなど特定の魚種が爆発的に繁栄することとなった。

ダムが完成したのが一九八八年。水がたまるまでに二年かかり、その一年後の一九九一年には年間五〇〇〇トンのツクナレが獲れたそうである。もう一度言うが、五〇〇〇トンである。ひとつのダムからそれだけの魚を獲るというのは背すじが寒くなるような話だが、ロッジの親父に訊《たず》ねてみると、「ここはアマゾンですぜ」の一言で一蹴されてしまった。かくしてこの話がマナウスあたりの釣り師諸氏の知れるところとなり、

アマゾンへの道。
どこまでも、一直線に大地を疾る。

莫大な税金を投入した巨大な釣り堀として注目を集め、現在に至っている。

午後、釣りに出た。

船着き場を離れるとまず果てしなく続く水面の広さに息を呑むことになる。ところどころに水没した森の木が身を寄せて立ち枯れていたり、大小様々な島が見えるのだが、いったいどこからどこまでがダムなのか見当もつかない。これもためしにガイドに訊《き》いてみたが、ボートのエンジンを丸一日全開にして走っても真ん中まで行けない。その先はわからないという答えが返ってきてあきれてしまった。

ともかく、太陽が熱い。湿度の高い空気が、ねっとりと、からみつくように停滞している。水は透明度の高いいわゆるクリアウォーターだが、ピラーニャの影におびえつつ指先をひたしてみると、なまぬるい温泉ほどの水温があるとわかった。それでも、鏡面のような湖上にボートを疾らせると、多少の風と水飛沫《しぶき》がなんとか生きた心地を与えてくれる。ガイドに行き先をまかせてぼんやりと風景を眺めていると、小さなイルカの背が水面から飛び出して消えた。

ツクナレについては、事前にさんざんグランデ小川氏から脅かされていた。

「とにかくダンプカーみたいな奴だからね。怪力にものをいわせて倒木の下に突進するんだ。生半可《なまはんか》なラインじゃ上がらない。すぐに切られちまう。ちなみにおれはPE

の四〇ポンドを使ってるけどな」

ＰＥとはダクロンの繊維を編んで作ったラインのことで、ほとんど伸びがなく、それ自体がきわめて強くできている。四〇ポンドとはつまりその重さの張力に耐える太さを意味する数値で、日本の釣りではほとんどお目にかかれない強力な代物《しろもの》である。もし仮に使うとすれば本マグロか、カンパチの大物か、それとも沖縄のガーラか。それでも実際には三〇ポンドもあれば十分に事は足りる。その後、小川氏は、私のリールに巻かれた一六ポンドのナイロンラインを一瞥《いちべつ》すると、アハハと意味不明の笑いを残してどこかに行ってしまった。

後日、同行の女性釣り師の石川優美子女史から二〇ポンドのラインをいただき、あわてて巻きなおしておいた。これは日本ならばカツオやシイラを抜き上げられるほどの太さである。しかし、それでもアマゾンとなると、なんとも心許《もと》ない。

三〇分ほど走ったところで、ガイドがエンジンを止めた。目の前に、周囲を立ち枯れの木で囲まれた小さな島がある。その岸際を探っていくらしい。バウビーナのガイドが使うアルミのボートにはすべて日本製のスズキやヤマハの高性能エンジンがついているが、エレキ（電動モーター）は備えていない。カノア（カヌー）の時代からの伝統的なやり方で、ガイドが人力で櫂を操作してポイントに忍び寄る。大きな立ち木の根元には大きな魚が潜んでいると教えられた。

しかし、釣れない。ポッパー、スイッシャー、ミノー、バイブレーション、赤、白、青、黒、銀、緑、何を試してもだめである。魚の気配もない。そこで虎の子のラパラを取り出し、これはバルサでできたミノーなので大きなピラーニャにやられたらひとたまりもないのだが、やっと小さなツクナレを一尾誘い出した。

バネ仕掛けのオモチャのように水面をころげ回る。ほほえましくなるほど元気である。しかし二〇ポンドのラインには抵抗のしようもなく、あっさりと御用となった。唐揚げにしたらちょうどいいサイズだが、どうせロッジのディナーはツクナレに決まっているので逃がしてやることにした。

その直後、同行の中内君がピラーニャ・プレタ（黒）の見事な奴を一尾釣り上げた。五〇センチほどはある。ピラーニャもこのくらいの大物になると、迫力を通り越して無気味な威圧感を発散させる。

このピラーニャ・プレタについては様々な伝説がある。アマゾンには計一〇種ほどのピラーニャが生息するが、その中でプレタは最大種として知られる。大物になると、その巨大な口とカミソリのような歯で、相手が人間でも牛でも大ナマズでも一口で卵一個分の肉をそぎとっていくという。通常は単独で行動する孤高の戦士だが、ごく稀《まれ》に群れを成すこともあって、その不運に遭遇すると人間なら三分、牛一頭でも一〇分で骨だけにされるという。以前、ヴァリグ・ブラジル航空のイザウー氏にピラーニャが牛を喰う話を聞かされ、その時はうやむやになってしまったが、プレタの顔を見ると確かにこいつならやりかねないと思えてきて冷や汗が出た。

ところがブラジルのガウショ（牧童）は、このピラーニャ・プレタを牛の去勢に利用するという妙な噂がある。牡牛の玉の裏側にプレタの大好物のサルディーニャ（淡水イワシ）の脂《あぶら》をたっぷりと塗り込み、川を渡らせるのである。するとどこからともなくプレタがやってきて、玉を一口か二口でかすめとっていく。その切れ味があまりにも鋭いので、牛は玉がなくなったことにも気がつかない。いかにもありそうな話だが、眉に唾をたっぷりと塗り込んで聞かなくてはならない話でもある。翌日、リオ・デ・ジャネイロ在住の篠田君がピラーニャ・プレタだらけのダムに落ちるというアクシデントがあったが、幸い事なきを得た。もし玉の裏にサルディーニャの脂を塗っていたら、いまごろはリオ・デ・ジャネイロあたりのそれなりの店に再就職を探さなくてはならないところだった。

ツクナレの腕白が一尾と、プレタの殺し屋サイズが一尾。バウビーナ・ダムは一瞬目を覚ましたと思ったら、また眠り込んでしまった。以後は何を投げても、どこに投げても、どの手を試しても何も起こらなかった。

この日、唯一好調だったのがフォトグラファーの吉川信之君、通称バスプロ吉川である。彼は若さにまかせて常に大型のルアーで大物を狙う。この日も八ポンドクラスのツクナレを手に、意気揚々と船着き場に戻ってきた。

それにしても、年間に五〇〇トンである。その数字が少しずつ、しかし確実に、重くのしかかってくる。

魚と美女と酒の話

魚を釣るということ。その楽しみのひとつに、〝食べること〟がある。

私は基本的に釣った魚は逃がすことにしている。しかし、腹が減っている時にはその限りではない。殺すことを躊躇《ちゅうちょ》しない。

「魚も殺せない奴なんざ男じゃねえや」

小川氏にいわせると、そのようなことになる。まあ、同感である。魚を釣り、殺し、食べることは、人間が自分の命を保つための生命体としての基本であり、牡としての義務でもある。

ブラジルを訪れてからの数日間に、様々な魚を食べた。すべて、そのあたりの川や湖で釣れる淡水魚である。以下に、つたない経験ではあるが雑感を書きとめておきたい。

まず、ピラーニャである。あの顔つきからは想像できないほど上品で濃《こく》のあるスープがとれる。身がとろけるほどじっくりと煮込み、それをさらにすりつぶして、トマトソースで味をつける。好みによってファリーニャ（マンジョーカ芋の粉）やレモン、メピンタ（唐辛子）を振りかけてもいい。飲むというよりも食べるという感覚のスープで、酒の肴になる。しかし、刺身はいけない。一見、上品な白身で鯛に似るが、歯ごたえが悪く、臭いもある。もし他の魚が手に入らなければ、食べてもいいという程度。ちなみにピラーニャの身は、釣りの餌としても最低とされる。これを好むのは、ジャカレ（ワニ）だけだと教えられた。

ドラードは、まずまずといったところ。小骨が多いが、刺身でもいけた。オーブンでグリルにもしてみたが、外見だけでなく味もサケに似ていることがわかった。しかし、黄金を払う価値があるほどではなかった。

スルビン（大ナマズ）は、ブラジルでは最も一般的な食材のひとつである。マナウスで市場に立ち寄ってみたが、これの二〇キロ、三〇キロ、五〇キロというのが山積みになっていた。町の食堂などでごく普通に出されるが、ケイジョン豆と煮込んだものが逸品である。ヴァリグ・ブラジル航空の機内食にこれが出た時には、次の町でシュラスカリア（ステーキレストラン）のランチを予約してあったにもかかわらず、つい残すわけにはいかなくなった。罪な魚である。

今回は食べる機会に恵まれなかったが、タンバッキーも評価が高い。これはピラーニャの近縁だが、草食性で、五〇キロを超える大魚である。これも市場でよく見かけた。その肉の厚い豊満な魚体はどこかエロチックでさえあり、見ているだけで食欲をそそられる。肋骨一本分のスペアリブの大きさがちょうど豚肉と同じくらいある。

しかし、なんといっても、きわめつけはツクナレである。この魚は釣り味だけでなく、食べてもまた絶品である。パンサイズ（フライパンに乗るサイズ）のツクナレの唐揚げなどがテーブルに並ぶと、つい日本人の血が騒ぎ出して頭の先から尾の先までしゃぶりつきたくなる。身はスズキ一族特有の透明感のある白身で、脂がたっぷりとのっており、そこに濃密な野性と気品が同居している。生ならばレモンを絞ってセビッチェにしてもなかなかだが、やはりここは和式の刺身につきると断言しておきたい。これを醬油と山葵《わさび》で一口やると、思わず声が出て目を閉じてしまう。もしあなたがアマゾンにツクナレを釣りに行くことがあるとして、荷物に醬油と山葵を忍ばせて

マナウスの魚市場。
巨大ナマズやターポンなどが売られている。

おくのを忘れたとしたら、神への冒瀆《ぼうとく》と心得るべし。

　このように毎日を魚、肴、サカナに囲まれて暮らしていると、大アマゾンの自然の恵みに尊敬の念を抱くあまり、ついとめどもなく乾杯が続くことになる。ブラジルでは最後の一杯を「サイデーラ」というが、実はこの一言は「徹底的にやろうじゃないか」という逆説的な意味も含んでいて、これが始まると逆にいつまでも終わらなくなる。そのうち女性陣が愛想をつかして部屋に戻ってしまうと、誰からともなく目がそわそわと落ち着かなくなり、声を潜め、待ってましたとばかりに大人の話が始まる。

「やっぱりボニータ（ブラジルの美女）は最高だな」

「バウビーナにはボアチ（女の館）がなくて残念ですな」

「ぜひ皆さんにも一度ボニータをお試しいただきたい」

ボニータに関する論説に関しては経験者であるグランデ小川氏とイザウー氏にかなうわけもなく、我々一同は「はあ……」、「ほう……」、「なるほど……」とただ相槌を打ちながら感心しているしかない。ボニータは最高だ。大和撫子《やまとなでしこ》は自分を隠すことを美徳だと思っているが、ボニータは見せるコツを心得ている。それでいて、嫌味がない。男心をわかってるんだよ。目と目が合えば、ニッコリ笑ってくれる。やさしいのさ。温《あ》ったかいのさ。素朴で、純情で、それに第一、美しいじゃないか。昔、こんなことがあった。あんなこともあった……。

二人のボニータ賛歌はつきることなく、奇妙な説得力がある反面、どこか釣った魚が日ごとに大きくなる現象に似たところもある。しかし私は時折「サイデーラ」と呟きつつ、ピンガをグラスに注ぎながら、耳を傾けているしか抵抗のしようもない。ところが唯一ツクナレの大物をモノにしたバスプロ吉川君が、そのいきおいを借りて小川氏にちょっかいを出した。

「でもおれ、やっぱり大和撫子の方がいいな」

一瞬の間。全員の視線が吉川君に集中する。すると小川氏がグラスのピンガをクィッとあおり、睨《にら》みをきかせて一喝した。

「ケッ！　ボニータも知らねえくせに、そんなこと言ってほしくねえな」

この一言で吉川君は見事にねじ伏せられて、猫の子のようにおとなしくなり、やがてピンガの中に沈み込んでしまった。しかし、一説によると、ボニータは結婚して子供を生むと例外なくアマゾナス（アマゾンの女戦士）に変貌すると聞いたこともあるのだが。小川氏ならばそのあたりの事情にもくわしいはずなので、ぜひ訊いておかなくてはならないと思っていたのだが、機会を失ってしまった。

いずれ、確認してみようと思う。もしもの時のために。

最後の聖戦

九月二〇日——。

最終日。

泣いても笑ってもこれが最後。

早朝五時、イルカに見送られて船着き場を離れ、スロットルを全開にしてバウビーナ・ダムを南に下る。空に、不穏な黒い気配がたれこめている。間もなく、雨が降り始めた。あわててカッパを着込むと、天地をひっくり返したような豪雨となった。風が強い。波でボートが木っ端のように揺れる。アマゾンは、やはり海だ。

この日、久し振りにツニブラトラベルの逸見氏と組んだ。逸見氏が近くにいると、なぜかいつも不思議なことが起こる。パンタナールの初日、不精な釣りに徹したにもかかわらず我々のボートにだけドラードが釣れた。逸見氏が島に渡り、その目の前で餌を流していると、巨大なピンタードが掛かり三〇ポンドのラインを持っていかれた。今日も、何かが起こりそうな予感がある。

前日にツクナレを釣ったポイントを通り過ぎ、ボートはさらに南へ、さらに奥地へと浸透していく。雨にけむる立ち枯れの森を抜けると、茫漠とした水の世界が広がり、周囲の風景の一切が消えた。それまで近くに並走していた仲間のボートも、いつの間にか豪雨の中に見えなくなった。

ひたすらに走り続ける。黙々と、豪雨に耐え続ける。寒い。以前、何かの本で、赤道直下のアマゾンで凍死した男の話を読んだことがあるのを思い出した。有り得るのだ。アマゾンでは。そのようなことが。

二時間近くも走っただろうか。気がつくと前方に、広大な立ち枯れの森と島々の影が浮かび上がった。幻想的な、魔界の入口を想わせる風景である。夢なのか。それとも現実なのか。

ガイドがスロットルをゆるめ、無数に浮かぶ島のひとつに着岸した。次々と、仲間のボートが豪雨の中から集まってきて上陸する。ここで簡単な打ち合わせをして、雨が小降りになるのを待ってまたボートに乗り込むが、誰もが口数は少ない。それぞれが、それぞれの思いを胸に、それぞれの場所へと散っていく。

我々は島の裏側に回った。時計を見ると、針は七時を過ぎていた。午前中に四時間。昼食の後、午後に四時間。それが残されたすべての時間である。

ガイドがエンジンを止め、スロットルを櫂に持ち換えた。

最初のポイント。一投目。

プロペラが二枚ついた大柄なスイッシャーを、倒木の奥の岸際に送り込む。着水と同時に竿《さお》をあおると、倒木の下の闇の中から黄色い巨大な影が浮かび上がるのが見えた。水面が炸裂し、水飛沫と共にルアーがはじき飛ばされて落ちた。

一瞬で静寂が戻った。自分の心臓の音だけが、高く、早鐘のように聞こえてくる。

「大きかった……」

一部始終を見ていた逸見氏が、茫然と呟いた。確かに、大きかった。そしてこれが最初で最後のチャンスであったのかもしれない。しかし奴には運があった。私には運がなかった。それだけのことだ。悔いは、何も生み出さない。

　竿を振り続ける。

　朝のうちに、三度、アマゾンは気紛れな光明を与えてくれた。どれも四〇センチに満たないツクナレ・パッカだった。バウビーナには、計四種のツクナレが生息している。私が狙うのは、その中で最大種のツクナレ・アスー一種のみ。他の魚は、意味を持たない。

　アマゾンに対し、過大な夢を追っていたのではないかと思うことがある。世界一の大河、アマゾン。二〇〇〇種を超える淡水魚の王国、アマゾン。未開の地、アマゾン。しかしその水域の、どこでも、いくらでも魚が釣れたのは遠い昔の話である。アマゾンは、傷ついている。少しずつ文明に犯され、自然は後退している。現在はマナウスの漁師でさえ、ツクナレを釣るために何日もかけて遠出をするとも聞いた。それがアマゾンの現実なのだ。

　午前一〇時。残り五時間。島回りを攻めつくし、次のポイントに移動した。

　突然、ガイドが櫂を持つ手を止めた。無言。ただ目くばせで合図を送ってくる。その視線の先を見ると、立ち枯れた大木の根元に、大きな波紋が広がっている。逃げまどう小魚が、水面に跳んだ。

魚だ。考える間もなく、体が反応した。ボーマーの一二センチのミノーが、小雨の中に完璧な軌跡を描き、一五メートル離れた波紋の中央に吸い込まれていく。着水。リールの最初のひと巻きが、ルアーに命を吹き込む。その時、アマゾンが目覚めた。一発目に腹の底にズシンと来る一撃があって、ABU三六〇〇番のドラグがうなりを上げた。

幕は切って落とされた。相手は一気に勝負を決めに掛かる。渾身《こんしん》の力で根に突進する。

強引に竿をあおる。反転した。次の瞬間、爆発音と共に、極彩色のクジャクが羽を広げ、華やかに舞った。

後のことはよく覚えていない。私は覚醒と催眠の狭間を行き来しながら、なかば冷静に、なかば白日夢の中で、第三者の目によって自分自身を見つめていたような気がする。一瞬に過ぎないのか。それとも永遠であったのか。気がつくと私は力つきてボートの上にへたり込み、両手にアマゾンの化身を抱きながら、うっとりとその姿に見とれていた。

約八ポンドのツクナレ・アスーである。アスーはこのくらいの大きさになると、牡ならば額《ひたい》がこぶのように盛り上がって王者の威厳を証明するが、それがない。クイーンである。牝である。年頃のボニータだった。

その日、もし誰かがアスーの大物を釣り上げたら、バウビーナ最後の夜の食卓を飾ろうと約束してあった。しかし私は、この美しいボニータをどうしても殺すことができなかった。

手で支えたまま静かに水の中に彼女をひたした。宝石のような目が、何かを語りかけるように私を見つめている。少しずつ、手の中に野性の力が戻ってくるのがわかった。

君は生きなければいけない。アマゾンのために。そして、これからもこの地に夢を追う男たちのために。ピラーニャに気をつけなさい。悪い男にだまされるなよ。やがて私が手を解き放つと、彼女は力強く、美しさを誇示するかのように身をひるがえし、暗い水の中に去っていった。

アマゾンは生きていた。私はひとつの恋を経験し、自分の意志によって幕を引いた。それでいい。空を見上げると、いつの間にか雨は止み、晴間がのぞいていた。

昼食のために島に戻った。

時には嬉々《きき》として、時にはうなだれながら、それぞれが午前中の釣果を報告し合う。しかしツクナレの大物は、私のボニータと、リオの中内君が釣った八ポンドオー

バウビーナダムのボニータ。
美しきアマゾネス（女戦士）の雄姿。

アロワンナ。本来はインセクト・フィーダーだが、ルアーにも良く反応する。

バーの計二尾のみ。なんとか今夜の刺身を確保できたという程度の釣果だった。

午後の出船の前になって、大阪の藤原きよみちゃんが何やらいわくありげな様子で私ににじり寄ってきた。

「私、まだピラーニャが釣れないの。逸見さん、貸してくれないかしら……」

どうやら私が逸見さんといると何かが起こる。魚が釣れる。彼はラッキーボーイに違いないうんぬんと吹聴したことをきよみちゃんは真《ま》に受けてしまったらしい。それにしてもアマゾンで、ピラーニャが釣れないとは。ピラーニャは数が多いからこそ軽く見られるが、これを釣ることは釣り師にとってアマゾンの洗礼を受けることにも等しい。そのピラーニャが釣れないとは由々しき事態であると察し、なかば恩に着せつつ一言二言アドバイスをつけ加えて、惜別《せきべつ》の思いで逸見氏をお貸しすることにした。まあ、逸見氏にしても、私のようなむさくるしい男よりも美女を相手の釣りの方がよろしかろうと思う。はたしてきよみちゃんは、その日ピラーニャ・プレタの大爆釣《だいばくちょう》を経験することになった。

午後、アマゾンはいっせいに開花した。

倒木の陰で、立ち木の根元で、岸際に投げても沖に投げても次々と爆発が起こった。ツクナレ・パッカ、ツクナレ・コモン、ピラーニャ・プレタ、アロワンナ、カショーロ。投げては釣り、釣っては逃がし、それぞれが休む間もなく喚声を上げ続けた。しかし、あのボニータ以上に美しい魚には、二度と出会うことはなかった。

午後四時、ガイドから帰る時間になったことを告げられた。これから我々は二時間近くかけてバウビーナの複雑な水域から脱出し、日没前に船着き場まで戻らなくてはならない。

最後の一投。「サイデーラ」と心に誓い、竿を振った。赤道の熱い太陽を反射させて泳ぐルアーは、倒木の下から見事なアロワンナを誘い出したが、鉤に乗らなかった。

ガイドがエンジンを掛け、ボートを北に向けた。長い影を投げかける立ち枯れの森の中を、ゆっくりと進んでいく。その時、何気なく、手を水にひたした。温かい。水を手に受け、思わずそれを口に含んだ。

水は口の中に軽やかに染《し》み渡り、微細な抵抗すら感じさせることなく、ころがるように喉《のど》を滑り落ちていった。うまい。そして、甘かった……。

そうだ。アマゾンの水は、甘かったのだ。昔、日系移民はアマゾンを甘い海と呼んだという。その意味が、いくら考えてもわからなかった。しかし、単なる譬喩《たとえ》ではなかった。まして、逆説的な言葉の遊びでもなかった。ただ単に、一口の水の味わいを素直に表現したにすぎなかったのだ。

「一度アフリカの水を飲んだ者は必ずまたこの地に戻ってくる」と説いたのは、イギリスの著名な政治学者T・E・ローレンスであったと思う。だが大陸には、アフリカに限ることなく、例外なく人を魅きつけて止《や》まない魔力が満ちている。私もかつてアフリカの水を飲み、再度アフリカの地を踏んだ。北米大陸でも、オーストラリアでも、アジアでも、これまで幾度となく同じような経験をしている。

そしていま、私はアマゾンの水を飲んだ。その甘美な囁きを味わい、体に染み込ませてしまった。

私はまた、アマゾンを訪れることになるのだろうか。いや、来なければならないと思う。

いつの日にか。

第三章　クルル・アスー川の怪物《ピラーラ》

六人の釣り師

昔、『荒野の七人』という映画があった。

かの黒澤明監督の名作『七人の侍』をジョン・スタージェスがハリウッドでリメイクした西部劇で、痛快無比の冒険活劇であった。

仕掛けは単純かつ明快で、ユル・ブリンナーとスティーブ・マックイーン演ずる二人のガンメンが昔の仲間を集め、盗賊の略奪に苦しむメキシコの村のために無償で戦うという任侠《にんきょう》話だった。後半の壮絶な銃撃戦も見物だったが、佳境はむしろ前半の人集めのくだりで、通り名で呼ばれる訳ありのガンマンが一人、また一人と登場するシーンに心を掻きたてられた記憶がある。ガンマンでも、侍でも、釣り師でもそうなのだが、腕こきの男たるものすべからく伝説と通り名を持たなくてはならない。万国共通、時代を問わず、それが男としてのたしなみであることを教えられた。

かくいう私もかつてオーストラリアのアウトバックで通り名で呼ばれたことがあった。その名も「キャットフィッシュ・テッド」。日本語に直訳すると、「ナマズのてっちゃん」といったところ。まあ、あまり勇ましくはないのだけれど……。

さて、七人の釣り師の話。

某日某夜、都内近郊の小洒落た料理屋でツニブラトラベルの逸見薫氏と密談をかわす。逸見氏は周囲をそれとなく見回し、手元のブリーフケースの中から一本のビデオテープを取り出してカウンターの上に置くと、何やらいわくあり気に私の耳元で囁く。

「これ、お貸しします。見て下さい。すごいんですよ。もうずっこんずっこん、ばっこんばっこんで。たまらない……」

和服を着たうら若き仲居さんが、恐ろしいものでも見るように眉をひそめて後ろを通り過ぎていく。

「そんなに……すごいんですか？」

「ええ、ブラジルに出回っているビデオなんですがね。現地の言葉で、天国のことをパライゾというんです。これこそ正にパライゾですな……」

逸見氏の話を要約すると、次のようになる。アマゾン水系の南端、サンベネジット川の水域に、地元ブラジルの釣り師の間で「パライゾ」と呼ばれている川がある。釣りをたしなむ者なら一度は夢想することなのだが、もし有史以前――まだ人間が立ち入ったこともない無垢の自然の中で釣り糸を垂れたらどのようなことが起こるのか

——。それを二一世紀の現代に体験できる唯一の場所がサンベネジット川だという。近年その川に、タイマスーというフィッシング・ロッジが開設された。世界的な釣り民族といわれる日本人も、地元のブラジル人も、まだそこにはほとんど入ったことがない。しかもさらに奥地のクルル・アスー川は人跡未踏《じんせきみとう》に等しく、ルアーを投げれば想像を絶することが起こるのではないか……と言うのである。

「いいですか、柴田さん。ベネジットはともかくとして、アスーの方にはまだほとんど誰も入ったことがない。未開拓なんです。アスーは処女なんですよ、処女。アスーに入りませんか……」

アスーは処女、アスーに入るという言葉を聞いて、また仲居さんが眉をひそめて睨《にら》む。いや、このビデオはけっしていかがわしいものではなくて、単なる釣りのビデオなのだと弁解したいのだが……。どうもそのような言い訳が通用するような雰囲気ではない。私はそそくさとビデオを上着のポケットにしまいこむと、肩身の狭い思いで酒を口に含み、小さく頷《うなず》く。

逸見氏がさらに囁く。

「しかもそのクルル・アスー川には、〝あれ〟がいるらしんですよ……」

「〝あれ〟というと、例の怪物ですか？」

「そう。例の怪物です。しかも二〇キロ、もしかしたら、三〇キロを超えるような奴が……」

私は酒を飲み下し、咳き込みながら応える。

「わかりました。やりましょう。クルル・アスーに、入ろうじゃありませんか……」

家に戻り、さっそくビデオを見る。はたしてそこに映し出される映像のすさまじいこと。ツクナレ、スルビン、カショーハ、パクー、ピラーニャ……。アマゾンを代表する名優怪優が透明度の高い水の中に群れを成し、ルアーを追い、餌に食らいつき、これでもかこれでもかと狂喜乱舞を繰り広げる。人類に蹂躙《じゅうりん》される以前のアマゾンは、どこもかしこもこのような情況《じょうきょう》ではなかったのかと想像し、納得して息を呑んだ。正に、パライゾ（天国）である。

かくして二人のフィッシャー・メンはクルル・アスー川に攻め込むための精鋭《せいえい》を集めるために奔走することになる。まず、日本からは残間正之氏。通り名はキャパ残間。私とは過去にアメリカ、オーストラリア、ニュージーランドなどを釣り歩いた長年の戦友である。前年のパンタナールとアマゾンの釣行《ちょうこう》にも同行した日本屈指のフライロッドの使い手として知られる猛者《もさ》である。

ブラジルからは、これも前回のアマゾンに同行したリオ・デ・ジャネイロの中内理文君。父が校長先生というお堅い家庭に生まれながら、学生時代に開高健の『オーパ！』の文庫本を片手にブラジルを放浪。気がついたらいつの間にかリオに住みつき、結婚し、「ブラジル人になっていた……」という常識人である。本人いわく、「ぼくの人生は開高健に狂わされた」とか。現在はツニブラトラベルの現地社員として、主にアマゾン方面の釣り旅行のコーディネートを担当する。

もう一人、リオからは日系二世の杉本氏。市内で『キングス・ペスカ（王様の魚）』というタックル・ショップを経営する釣りのプロである。特にトップウォーターでツクナレを釣ることにかけてはこの人の右に出る者はいないといわれるほどの達人としても知られる。今回のクルル・アスー川の情報は、この杉本氏によってもたらされたものである。

さらに日本からは長谷川淳君の同行が決定した。彼は私の小学校時代の同級生で、共にカブトムシやザリガニを追いかけ回しながら腕白時代を過ごした盟友である。そのまま頭の中が進化をとげることなく大人になってしまったことも私と共通で、いまだに独身をつらぬき、日夜熱帯魚の飼育と鮒《ふな》釣りの探究にいそしむ生活を送っている。ただし長谷川君は海外釣行はおろかルアー・フィッシングに関してもまったくの素人で、それがいきなりアマゾンとなると傍《はた》から見ていても不安なことこの上ない。

クルル・アスーが処女だとしたら、長谷川君は○○といったところ。まあ、相性としては悪くはないのだろうけれど……。

そういえば『荒野の七人』にも、名うてのガンメンに憧れて無理矢理仲間に加わってしまう跳ねっ返りが登場した。役どころからすると、長谷川君あたりはさしあたりその跳ねっ返りの若造で、最後は村の素朴な娘に見初《みそ》められて所帯を持つことになるはずなのだが、はたして。

柴田、逸見、残間、中内、杉本、長谷川……。

まあ、一人足りないのは御愛敬ということで。

パライゾへの道

東京から機中一泊でロスアンゼルスを経由し、ブラジルの玄関口のサンパウロまで約二四時間。ここで飛行機を国内線に乗り換えてカンポグランデ、クイアバとさらに内陸に入っていく。たかが釣りのために地球の裏側まで出かける粋狂《すいきょう》は覚悟の上なのだけれど、アマゾンは常に途方もなく広く、限りなく遠い。

クイアバでリオ・デ・ジャネイロの一行と合流し、夜はピラルクーの唐揚げでビールとピンガをあおりつつ気焔《きえん》をあげる。ここで一泊し、翌日はさらにローカル線を乗り継ぎアマゾン水系南端のアルタ・フローレスタを目指す。飛行機は、乗り換える度に古く、小さくなっていく。何度目かに乗った歴戦の双発機《そうはつき》は、右側のエンジンが不調でなかなか息が入らなかった。一度プロペラが回っても、すぐに老人のように咳き込み、黒い煙を吐いて止まってしまう。ははあ……これはダメだなと思っていると、そのうちプロペラがなんとか回りだし、煙を吐き出したまま離陸してしまった。

アマゾンの神は偉大なりき。我が運命にささやかな好運《こううん》をもたらし、無事パライゾの地に導かんことを。

アーメン……。

機中でマツナミと名乗る日系一世の老人と知り合った。

「そろそろアマゾンに入りましたな……」

窓から眼界に広がる果てしない緑の絨毯《じゅうたん》を眺めながら、マツナミ老はおっとりと呟く。日系一世に限らず、長いことアマゾンで暮らした日本人はみなそうなのだが、目の中に独特の、澄んだ水をたたえたような透明感を秘めている。同じ日本人でも街に住む我々の目のように浅はかな光を発して自らを鼓舞することもなく、時間という概念に束縛されて揺らぐこともない。やさしくもあり、厳しくもある。まるで、目の中にアマゾンそのものが存在するかのようである。その深遠の目の光を見ていると、ともすると自分の人生が後ろめたいような錯覚を覚《おぼ》えて戸惑《とまど》わずにはいられない。

「釣りですか?」

　マツナミ老のその一言に我に返る。

「ええ、サンベネジット川まで」

「ほう……。あの川はいい。私も釣りをやります。若い頃には何度かサンベネジットにも入りました。あすこには、ピライバーという怪物がいる。巨大なナマズです。私も、一〇〇キロを超えるのを釣ったことがある」

　老人は、まるで御伽噺でも聞かせるように巨大なナマズについて語りはじめる。ただ淡々《たんたん》と、気負うことなく。

　ピライバーは、時に三メートル、二〇〇キロを超えるという。そのくらいの大物になると、川で泳ぐインディオの子供が呑まれてしまうこともあるという。そのようなピライバーを釣る時にはラインに直径五ミリのワイヤーを用い、浮きに一八リットルのポリタンク、餌に一キロのツクナレを丸ごと付けるのだという。

「私は昔、ピライバーを釣るために四〇馬力の船外機を買ったんです」

「サンベネジットは、そんなに流れが速いのですか?」

「いや、そうではない。ピライバーと綱引きをやるんですよ。二五馬力だと、引きずられてしまう」

「……」

「しかし、残念ですな。ピライバーは、年に二回、月の出ない闇夜にしか釣れない。あなたがサンベネジット川に滞在する今週は、月が出ている。ピライバーは無理でしょう。だからといって、けっして油断してはなりませんぞ。あの川には、まだまだ怪物が潜んでいる。とてつもない、怪物がね。好運を、神に祈りましょう」

そういって、マツナミ老はとろりとした、アマゾンの水のように濃いコーヒーを静かに口に含む。

アマゾン南端の町アルタ・フローレスタでテコテコに乗り換え、さらに奥地へと向かう。旅は少しずつ、だが確実に、広大な熱帯雨林の未知の心臓部へと浸透していく。伝説のパライゾを目指して。

一時間ほど飛んだだろうか。前方に巨大な川が忽然と姿を現した。川は西からの穏やかな陽光にきらめき、伸縮と蛇行を繰り返しながら緑の絨毯を縫うように茫漠とした彼方へと消えていく。

「サンベネジット……」

パイロットが、エンジン音に掻き消されるように呟く。

川がひときわ広くなっているところに、壮大な瀑布がある。立ち上る水煙の中に、幾重にも虹がかかる。水辺にはささやかにジャングルが切り開かれたなだらかな丘があり、その上に瀟洒《しょうしゃ》な、近代的な建物がひっそりと滝を見下ろしている。アマゾンの釣り師の聖地、パライゾへの基地、我々の第一キャンプとなるタイマスー・フィッシングロッジである。テコテコは左翼を傾け、滝とロッジの回りを大きく一周すると、荒野とも牧草地ともつかない空地に向けて機首を下げた。

ロッジのオーナーのフランシスコ・アロヨ氏は、代々この地で牛を飼っていた牧場主だった。だが一番近い町のアルタ・フローレスタから二〇〇キロも離れたタイマスーは、文明から隔絶され、自然の脅威にさらされる正に陸の孤島である。牛を飼うためには、必ずしも適した土地とはいえなかった。

中でもアロヨ氏を苦しめたのは、周囲のジャングルに無数に生息するオンサ（豹）だった。オンサは夜になると、闇にまぎれて人家にも忍び寄る。そして、牛を襲う。その被害は、年間に放牧する牛の全頭数の二〇％にも達したという。

「うちでは常時、約三千頭の牛を飼っていました。春には二千頭近い牛が生まれる。ところが出荷する一年後までに、毎年千頭以上がオンサに殺《や》られてしまう。毎朝牧場を見回ると、何頭も、時には一〇頭以上もオンサに喰いちらかされた牛がころがっているんです」

アマゾンはそこで暮らす人々にとって、時に緑の地獄である。毎日、オンサに殺された牛を深い穴に埋める作業で日が暮れてしまう。そしてまた、長い夜がやってくる。一年が過ぎ、出荷する頃には、春に生まれた仔牛はほとんど残っていなかった。

普通の牧場主ならばオンサを撃ち殺し、ジャングルを開墾してその生息地を狭め、自然の脅威を駆逐する手段を選んだだろう。だがアロヨ氏は、まったく逆の発想で行動を起こした。

「牛を飼うことは、人間側の都合です。我々は、オンサの領地に入植した。後から彼らの土地に入り込み、その一部を借りて、そこで生活しているにすぎない。侵略者は、人間の方なんです。その我々に、オンサを殺す権利はありません」

理由のひとつは釣りだった。アロヨ氏は、子供の頃からサンベネジット川で釣りをして育った。遊びでピラーニャを釣り、父親と大ナマズを釣り、家の前で釣ったパクーが夕食のテーブルに並んだ。そのうち大人になってルアーとリールを手に入れると、ツクナレのスポーツ・フィッシングに夢中になった。

ジャングルをこれ以上切り開き、オンサの住処《すみか》を奪えば、やがては自然が荒廃して川も死ぬ。魚も、ジャカレも、ペカリーもいなくなる。自分が育ったアマゾンの自然と、牧畜という事業を秤《はかり》にかけた時、おのずと目指すべき道が見えてきた。

「牧場を売ることは考えませんでした。売れば誰かがこの土地の森を切り開き、牛を飼うためにオンサを殺すでしょう。それならばと思い、私はフィッシング・ロッジを建てた」

釣り師は、時として自然からの略奪者に例えられる。確かに釣り師は自然の中に足跡を残し、魚を傷つけ、命を奪う。中にはゴミを捨て、水辺に釣り糸を残し、釣った魚をすべて持ち去るふとどき者がいることも確かである。だが一方で自然のことを考え、そこに異変が起きた時にまず最初に気づくのも釣り師なのだ。もし釣り師がいなくなれば、川から魚が消えてしまうまで誰にもわからない。釣り師に愛される川は必ず守られ、魚が消えることもない。自戒の念と、自らへの弁護を兼ねた哲学……。

パライゾへの旅は続く。一行はタイマスー・フィッシングロッジの居心地の良さそうな部屋と清潔なベッドを指をくわえたままやり過ごし、そこに一泊もすることなく、疲れ切った体を荷物と共にランド・ローバーに押し込めてさらに奥地を目指す。道無き道というのは使い古された言葉だが、ここには本当に道は無い。筏《いかだ》に車を乗せて川を渡り、枯れ谷を登り、倒木を踏み越えてジャングルの中を這っていく。約二時間。六人の釣り師はシェーカーの中の氷のようにあっちにぶつかりこっちにぶつかりしながら無抵抗で憂鬱をやり過ごし、第二キャンプへとたどり着く。

ここはインディオの村である。サンベネジット川の支流、クルル・アスー川のほとりに葦で屋根を葺いた小屋が何軒か肩を寄せ合っている。その中央に、いくらかは大きな、粗末だが快適そうなバラックが一軒建っている。そこが我々の一夜の宿になるらしい。

バラックの中にはすでに空腹をくすぐるようなケイジョン豆を煮込む香りがたちこめている。だが釣り師の性《さが》とは悲しいもので、そこに川があれば竿を出さずにはいられない。休む間もなく荷物をほどき、ロッドを持って船着き場に立ち、誰からともなくルアーを投げはじめる。

逸見氏が、ビールを片手に私の横に立つ。

「これがクルル・アスー川です。処女のアスーです。でもここが終着点じゃない。明日はボートに荷物を積んで、二時間ほど上流に向かいます。そこに第三キャンプがある」

「そこが、パライゾですね」

「そうです。パライゾです」

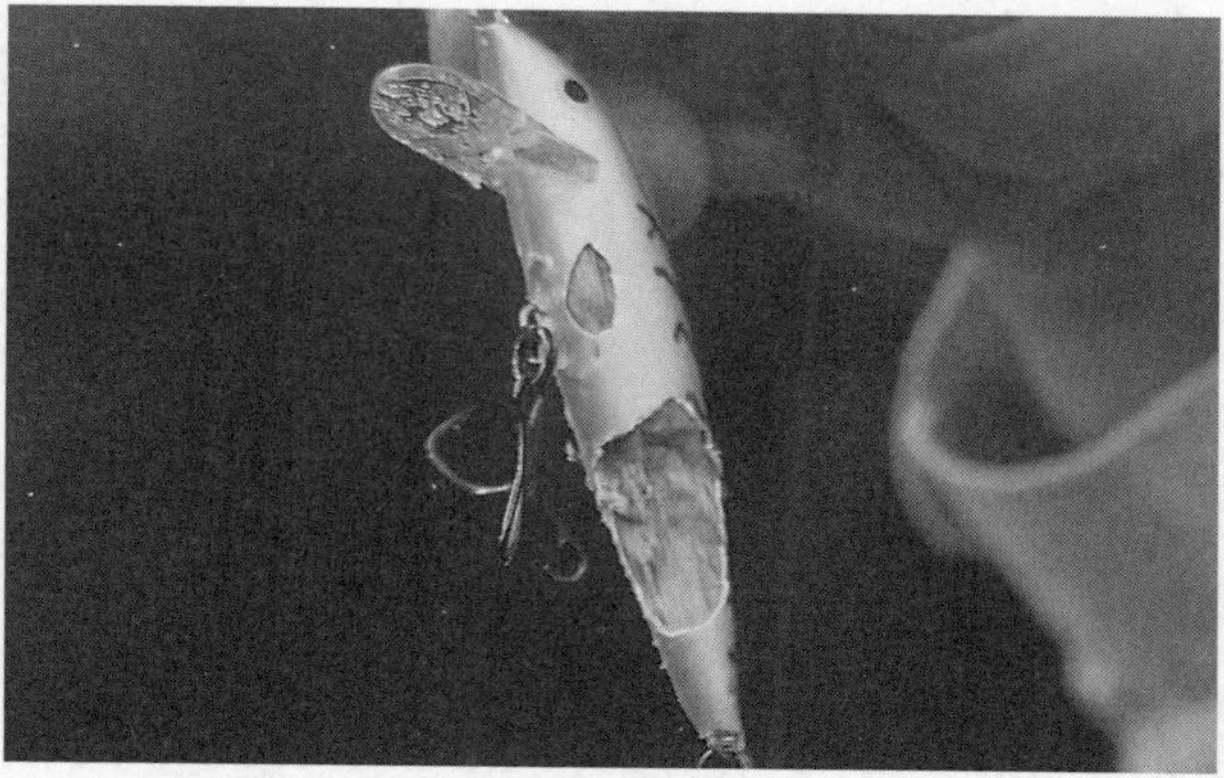

バルサのルアーでピラーニャを釣ると、
一発でこうなる。

「それにしても、いい川ですな」

「本当に、いい川だ……」

何投目かに、ずしんとくる重いアタリがあった。ただひたすらに、川の深みへと引き込む単調な引きである。なんとかなだめすかして上げてみると、五〇センチほどの、見事なピラーニャ・プレタ（ブラックピラニア）が上がってきた。

川のギャングは天国の番人よろしく巨大な歯をがちがちと鳴らし、侵入者を威嚇する。新品のラパラは、たった一匹の魚を釣っただけでめちゃくちゃに破壊されてしまった。

それにしても……。

パライゾははるか彼方なりき。

天国の真紅の炎

クルル・アスー川はアマゾンの末端である。けっして大きな川ではない。だがその流域に繰り広げられる風景は神々が創造した偉大なる自然の芸術である。

通常アマゾン水系の川は、本流のソリモンエス川に代表される〝白い川〟、ネグロ川に代表される水質にタンニンを含む〝黒い川〟に大別される。だがクルル・アスー川は、そのどちらにも似ていない。基本的にはブラックウォーターなのだが、これまで南米で見てきたどの川よりも透明度が高く、むしろクリアウォーターに近いのである。

その理由はすぐにわかった。川の周辺のいたるところから地下水が涌《わ》き出し、その泉がラゴーンを形成して、無数の支流が本流に流れ込んでいる。時には本流がラゴーンの中に浸透し、涌き水と交わり、そしてまた別れて下流を目指していく。ボートがラゴーンに入ると、水晶のようにきらめく透明な水の中に無数の魚が群れを成している。泉が涌き上がる水底の川砂の上を、息を呑むような巨大魚が悠々と泳ぎ去っていくのが見える。いつしか自分が人間であるという事実すらあやふやになり、水中に棲

クルル・アスー側の船着き場の夜明け。水の中で巨大なジャカレが人間が落ちてくるのを待ち受けている。

む一匹の魚であるかのように錯覚し、ロッドを手にすることも忘れてその光景に見とれてしまった。

なぜこの川を人々がパライゾと呼ぶのか。その片鱗が理解できたような気がした。単に魚が多いだけではなかったのだ。釣れる魚の大きさでも、量でもなかった。複雑に織り成す水の世界の一大パノラマこそが、パライゾだったのだ……。

いつしか仲間のボートはある者は支流へ、またある者はラゴーンの対岸へと向かい、周囲には誰もいなくなった。ガイドのジョセ・ベラードと私、そして長谷川君は、広いラゴーンの真ん中で地球上に釣り竿を持って生まれた最初の人類になった。

一投目……。

本当に一投目だった。ジョセの合図で何気なくボーマーのロングAを岸際に投げてみると、着水の瞬間にパライゾは目覚めた。水飛沫《しぶき》が上がり、大きなバケツのような口がしっかりとルアーをくわえ込むのが見え、潜り、浮き、飛んで、黄色い固まりが鏡のような水面をころげ回った。

ツクナレである。五〇センチ、約二キロ。一年前、バウビーナではあれほど苦労した相手なのだが、今度はあっさりと釣れた……。

次は長谷川君である。ルアー・フィッシング初体験。私がルアーの結び方から円心ブレーキの調整、ベイトリールの投げ方に至るまで手とり足とり教え、その二投目か三投目ではなかったかと思う。特にポイントを狙うでもなく、ただ漫然と岸の方向に投げたルアーを巻きにかかった時に、やはり水底から飛び出してきたツクナレが引ったくるようにくわえていった。私は「竿を立てろ！」とか「リールを巻け！」とか声を掛けるが、はたしてそんな雑音が彼に聞こえていたのかどうか。後から聞くとどうもその時、長谷川君は、意識が半分飛んでいたらしいのだが。ともかく数分後には初体験のツクナレを手にし、その魚体の大きさと美しさにうっとりと見とれていた。

「こんなオモチャみたいなもので本当に魚が釣れるんだ……。ルアーなんて、意外に簡単だな……」

なんとも贅沢な話。

それからしばらく、ツクナレの入れ喰いが続いた。どこに投げても、来る。何を投げても、来る。トップでも、シャローでも、ボトムに沈めても、来る。一本のルアーを数尾がチェイスし、一匹が喰ってそれが外れると次の奴が来る。一本のルアーの前後の鉤に、二匹まとめて来る。そのうち「天国よいとこ一度はおいで〜」などと鼻唄まじりに投げてみても、やはり来る。

朝まずめの酒池肉林《しゅちにくりん》が鎮静するのを待って、私はロッドをビールに持ち換えて船底にごろりと横になる。言葉のわからないガイドのジョセは、ただ親指を立て、「それがパライゾの正しい過ごし方だ」といわんばかりに白い歯を見せて笑う。

「魚もシェスタの時間だぜ」

だが長谷川君はその言葉にも耳を貸さず、何かにとり憑かれたように黙々と竿を振り続ける。まあ、それもよかろう。○○でも××でも△△でもそうなのだけど、初体験したばかりのものは面白くて止まらなくなるほどの魔力に満ちているものだ。

さて、○○とは？　そのあたりは想像におまかせすることとして……。

昼近くになって、ラゴーンの奥の、涌き水が流れ落ちる場所に出た。巨大な倒木が沈んでいて、ダムのように水を塞《せ》き止めている。その複雑な地形を見た時、掻き立てられるような気配を感じ、静かにロッドを手にした。

ジョセがポイントにボートを寄せるのを待って、ディープダイバーをキャストした。傷ついた魚のようにゆらめき、急角度で潜るルアーである。倒木の先に落とし、深淵《しんえん》に向けて沈ませていくと、暗がりから赤い影が襲い掛かるのが見えた。

影が、反転する。二〇ポンドのラインが、張りつめる。

合わせた。掛かった。次の瞬間、赤い影は水面を突き抜け、ジャングルの静寂の中に鮮やかな炎を放った。

「ホーゴ！」

ジョセが叫ぶ。ABU三六〇〇Cのドラグがうなる。どんなに場数を踏んでも一向に進歩がないのだが、目指す魚を、しかも大物が掛かった瞬間に、私は少なからず冷静さを失っている。いつも心臓が半分口から飛び出しそうになる。けっして人に知られたくない告白……。

美しい魚だった。体長およそ七〇センチ、重さ約四キロのツクナレ・ホーゴである。額に大きなコブがあることから、性成熟した牡であることがわかる。

現在、アマゾン水系を含む南米各地にはおよそ一〇種、亜種も含めると二〇種前後のツクナレが生息するといわれている。そのうちサンベネジット川周辺では、計五種

アマゾンの水辺には、至る所に気配が潜んでいる。常に剣豪の心得を忍ばせておかなくてはならない。

が確認されている。

まず、最大種のツクナレ・アスー。ワールド・レコードの二八ポンド（一二・六キロ）はこのアスーが保持している。

次に、ツクナレ・パッカ。灰褐色の下地に白い小さな斑紋がちりばめられた美しい魚である。アスーのパワーに比べてこちらはスピードがあり、ファイターとしては並び称される地位にある。

ツクナレ・ピタンガ。中型種だが、突進力があり、なかなか侮れない相手である。

さらにツクナレ・コモン。ずんぐりとした地味な魚だが、それも「ツクナレとしては」という断わりを付け加えるべきで、旺盛な好奇心とやんちゃな性格はけっして一族の名に恥じるものではない。

クルル・アスー川では狭い水域の中に数種のツクナレがひしめき合い、ブラジルの奔放な風土も手伝って、日夜混血につぐ混血が繰り返される。その結果アスー×パッカ、パッカ×コモン、コモン×アスーなどの美男美女が誕生し、それぞれが独特のドレスや宝石を身にまといながら水中でパライゾを謳歌しつつ乱舞する。こうしたハイブリッドを含めるといったいクルル・アスーには何種のツクナレがいるのか。見当もつかない。

その中で、特に異彩を放つのが「幻のツクナレ」ともいわれるツクナレ・ホーゴである。現在、ホーゴはアマゾン広しといえどもサンベネジット川水系にしか確認されていない。固有種とする説もあるし、混血の末の偶発的な産物という説もあるが、確かなことはわからない。ただひとついえることは、ファイターとして類稀《たぐいまれ》な資質を誇る、全ツクナレ・アングラー垂涎《すいぜん》の的《まと》であるという事実である。

ホーゴとは、炎の意味である。その名のとおり、口元から両顎、腹にかけて真紅に染まる。赤い炎のかたまりが水面を乱舞する様は、釣り師の瞼《まぶた》の裏に焼きついて消えることはない。

永遠の白日夢として――。

ツクナレ・ホーゴ。
神が色を塗り間違えた魚。

ナイト・キャンプ

クルル・アスー川下流の第三キャンプは、その名のとおりの〝キャンプ〟である。

ここには掘っ立て小屋もない。屋根もない。ただ木の枝とキャンバスの布地、防虫網を適当に組み合わせた巨大なテントのような代物があるだけである。その中央に荒っぽい手作りのテーブルが置かれ、周囲にミカン箱をつなげたような簡素なベッドが並んでいる。トイレとシャワーは外にあり、一応シートで囲まれているが、森の小さな住人の通り道になっているのかいろいろな客人が入り込んでくる。だが、一度キャンプに腰を落ち着けてみると、ねっとりとした熱帯の夜をやりすごすには快適この上ないシステムであることがわかってくる。

日が暮れる頃になると、一艘、また一艘とボートが船着き場に戻ってくる。船着き場とはいっても桟橋のような上等なものがあるわけでもなく、ちょっとした岸のくぼみにボートを寄せて近くの木にロープを舫《もや》うだけ。急な斜面で足を滑らせば腹を減らしたピラーニャ・プレタの群れや巨大なジャカレが水中で待ち受けている。暗がりを歩く時には「ジャララ（毒ヘビ）に気をつけろ」と合言葉を囁き合うのもここでの習慣で、フィッシャーマンは常にガンマンとしての心得をもって過ごさなくてはならない。

アーメン……。

さて、晩飯だ。

タイマスー・フィッシングロッジでは釣った魚は逃がす、つまりキャッチ・アンド・リリースが基本である。だが第二、第三キャンプでは「食い扶持《ぶち》は自分で釣る」のも一方のルールである。ガイドなどの扶養家族の分も含めて、釣り師一人につき二尾は最低のノルマとなる。

陽が西に傾きはじめるとそろそろビールの肴がちらつき始め、誰からともなくそわそわと落ち着きがなくなる。「大物」や「怪魚」を狙う崇高な釣りはいつの間にか影をひそめ、食べごろのサイズの魚を拾うような所帯じみた釣りに転向する。

日本人釣り師の目あてはやはりツクナレで、これの刺身がないとアマゾンの夜は始まらない。一方インディオのガイド連中の好みはマトリシャンで、腹が減る頃になるとやたらとそのポイントに連れていこうとする。「マトリシャンを釣るまでは帰さない」といわんばかりである。これはアマゾン独特の淡水のニシンで、小骨が多いのだが、うちわのように開いて岩塩でバーベキューにすると……！！　味もそのまま極上のニシンの塩焼きに変身する。

さらに、初日の夕刻、私がバルバードという一〇キロほどのナマズを一匹釣り上げた。グロテスクな魚なので逃がそうとすると、ガイドのジョセがあわてて私から取り上げて野締めをし、しまい込んでしまった。

「この魚は美味いんだ。逃がすなんてとんでもない。そんなことをしたら神の怒りに触れるぞ！」

おそらく、そんなことをいったのだと思う。言葉はわからないけれど。

バルバードをキャンプに持ち帰ると賄《まかな》いのおばさんは目を細め、歯の抜けた口を吊り上げて意味深な笑いを浮かべながら、さっそく鉈《なた》のような錆《さ》びた包丁を持ち出してきて解体をはじめた。何やら凄惨《せいさん》な光景ではあるが、そのむっちりとした肉厚の白身を大鍋でケイジョン豆と煮込んでみると、ディナーのメインディッシュにふさわしい逸品に化けた。「魚は顔が醜いほど味がある」というのは古今東西共通の格言……。魚だった、か？

夜はただひたすらに飯を食い、アマゾンのヨタ話や釣りのホラ話を肴にビールとウイスキーを空にする作業に没頭する。インディオのガイドたちはまったく言葉が通じないのだが、それでもお互いに話の輪に加わり、釣りの話題になるとなんとなく意味が通じ合うから不思議である。そのうち誰か一人、また一人とウイスキーの銃弾に胸を撃ち抜かれてベッドに倒れ込み、高鼾《たかいびき》をかいて昇天していく。頭の中に巨大なツクナレが泳ぎ回っているのか。それとも故郷のママの夢でも見ているのか。アマゾンの懐《ふところ》に抱かれながら。

トライローンは二度ドラグを鳴らす

朝は夜明け前に鳴き始めたガリバー（ホエザル）の声で目を覚ました。森全体がうなるような、地鳴りのような声である。このサルはアマゾン奥地の深い

キャンプの私。
疲れ果てた戦士の寝顔。

森の中にはどこにでもいるのだが、声がするばかりでほとんど姿を見かけることはない。文明社会の人間が初めてアマゾンに足を踏み入れ、その声を聞いた時、何を想像し、いかに恐れおののいたのか。ガリバーの名のとおり、森の巨人が猛《たけ》り狂うような叫びである。

厚いベーコンと新鮮な卵、固いトーストをコーヒーで腹に流し込み、ウイスキーとピンガに浸った重い頭を揺らしながらボートに乗り込む。昨夜の魚の臓物に味をしめたのか、それとも今度は人間の肉をせしめてやろうとでも思っているのかボートの脇に巨大なジャカレが浮かんでいる。その頭を竿の尻で一発こつんとやると、殺し屋は怒るでもなく慌てるでもなく鼻から泡を吹きながら悠然と川底に沈んでいく。

ガイドとボートの割当ては、毎朝シャッフルで決める。私はこの日、バカボウという新米のガイドと組み、逸見氏といっしょにボートに乗った。逸見氏と私がコンビになると何かが起こる。一年前の経験からそのような期待があったのだが……。ところがいざ蓋《ふた》を開けてみると、いまひとつぱっとしない。朝まずめのゴールデンタイムには弁当サイズのツクナレが飽きない程度に釣れたのだが、間もなくそれも影をひそめてしまった。前日のようにパライゾの名にふさわしい輝きは感じられなかった。

空は晴れ渡り、水は温《ぬく》み、風もない。最初は罪もないバカボウの腕前を疑ってみたのだが、どうもそのせいでもないらしい。きらめくような水面下には巨大なツクナレが悠々と泳ぎ、時にはルアーを追うのだけれど、なぜかバイトしない。

「おかしいな……」

「こんなはずでは……」

しばらくつたない言葉でバカボウとやりとりをするうちに、少しずつ原因がわかってきた。どうやら、前日六人の釣り師が突然姿を現して周辺のツクナレのポイントを叩きまくったために、大物はことごとく警戒しているのではないかという。パライゾは、無垢ではなくなってしまったのだ。ポイントを少し休ませてやらなくてはならない。

そこで趣向を変え、しばし脇役と遊んでみることにした。ポイントを変え、ルアーを変え、釣り方を変えてみると、パライゾはたちどころに息を吹き返した。ルアーを変え、釣り方を変えてみると、

ドラグはうなりを上げて止まらなくなり、気取ったタックルでは太刀打《たちう》ちできないことを思い知らされた。そこで一気にタックルを四〇ポンドクラスに格上げしてみたのだが、それでもしばしばライン・ブレイクという場面を経験した。

アマゾンは水魅山妖《すいみさんよう》の宝庫である。サンベネジット水系では日常的に釣れる魚は三〇種以上。ルアーで釣れる魚だけでも二〇種近くはいるといわれている。以下に、私のつたない経験による雑感を記しておきたい。

・ツクナレ

幻のホーゴを含め、五種のツクナレが釣れることは前述した。私はそのすべてを釣り上げたが、ハイブリッドも多いので、釣れば釣るほどどれがどれだかわからなくなる。一〇匹釣れば、すべて色も、体形も、顔つきも違って見える。

クルル・アスー川のツクナレはなぜかあまり大きくはならない。レギュラーサイズは約二キロといったところで、最大でも七〇センチ、四キロそこそこだった。だが流れが速いせいか、そのパワーは桁外《けたはず》れである。五〇センチを超えると、二〇ポンドのラインをいとも簡単に引き千切《ちぎ》っていく。

透明度の高い水の中に棲んでいるせいか、色彩も鮮やかである。どの魚もそうなのだが、手にした瞬間にうっとりと見とれてしまう。芸術家気どりの人間ごときには絶対に発想し得ない色彩感覚である。

食べても、美味い。その張りつめた筋肉のようにむっちりとした白身の中に、アマゾンの魔力とエキスがたっぷりと閉じ込められている。五日間にわたりその刺身を食べ続けていると、東京に戻っても寿司屋に足が向かなくなる。

・カショーハ

アマゾンの代表的なギャングである。別名ペーシュ・カショーロは〝犬の魚〟の意味。その名のとおり、大きく裂けた口の中に鋭い牙が並んでいる。特に下顎に一対の巨大な牙を持ち、これでバルサのルアーを串刺しにする。手を噛まれれば、手の平を突き抜ける。初めてその異相を目にした時、映画の中のプレデターという怪物を思い

マトリシャン。
バーベーキューがうまい。

ツクナレ・ピタンガ。雄には額に大きなコブが盛り上がる。

ビクーダ。淡水カマス。
ロケットのように跳躍する。

カショーハ。犬の魚。下顎の二本の牙でルアーを串刺しにする。

出して背筋が寒くなった。

本流の流れの速い合流点がポイントで、沈むルアーを引くと何にでも飛びついてくる。力もスピードもあってゲームとしてはそこそこ楽しめるのだが、くねくねと絡みつくような摑みどころのない釣り味である。試してはみなかったが食味も悪いらしく、ガイドはカショーハの大物が釣れても鼻をつまんでさっさと逃がしてしまう。大きさは一メートルを軽く超える。

・マトリシャン

前述の淡水のニシン。本流の岸際を群れで回遊している。口が小さいために小さなルアーやフライにしかバイトしないが、おとなしい顔つきに似合わず癇癪玉のような性格をしている。ルアーに掛かるととてつもないスピードで流れの中を突っ走り、水面に飛び出してカーニバルのように踊りまくる。大きさはせいぜい五〇センチ、二キロといったところだが、バーベキューの味を思い出しつつ一日一尾は釣りたくなる。

・ビクーダ

アマゾンは太古の昔に海だった場所で、そこが隆起《りゅうき》し、陸封《りくふう》された海水魚が淡水に順応《じゅんのう》して進化したものが多い。ビクーダは淡水のバラクーダといったところ。この魚は広く開けた場所が好みで、ラゴーンの中央の、涌き水があるような場所で群れている。小魚を追ってナブラが立つようなこともしばしばあり、その中央に向けてルアーを投げ込むと百発百中ヒットする。

大きさは一メートルほどはあるが、カマス族に共通する細長い体形で、重さはそれほどでもない。だがその快速たるや圧巻で、ルアーをくわえた瞬間にミサイルのように宙を飛んでいく。しかも飛行中に体をくねらせてフックを外す天才なので、なかなか釣り上げることができない。小ぶりなのを釣り上げたらぜひ開きにして一夜干しを試してみようと目論んでいたのだが、大物ばかりでその機会に恵まれなかった。ちなみに味は、ピラーニャも食べ残すほど最悪だとのことである。

・ピラーニャ

クルル・アスー川では、少なくとも二種類のピラーニャが釣れた。前述の黒と、もう一種は赤く顎《あご》が大きいのでナッテリーだと思うのだが、こちらも四〇センチを超えるので確かなことはわからない。ナッテリーはいわばピラーニャの普通種で、せいぜい三〇センチにしかならない。

アマゾンで釣りをしているとついピラーニャを見馴れてしまうが、どこにでもいるからといってけっして侮《あなど》ってはならない。ある日、リオの杉本氏と組んでボートに乗っている時に、その脅威をまざまざと再確認させられる出来事があった。

その時、杉本氏は、岸際のピンポイントをうまく攻めて手頃なサイズのツクナレ・アスーを誘い出した。適当にやりとりを楽しんで素手で抜き上げたのだが、油断した隙に魚が暴れて手が滑り、フックを指に突き刺してしまった。

まあ、弘法も筆の誤り。ルアーの鉤《つりばり》には返しがついているのでそのままでは抜けない。そこで私がペンチでその根元を切断し、反対側に貫通させて抜くことにした。ここまでは釣りをしていればよくあることで、杉本氏も照れ笑いを見せる余裕があった。

ところがである。川の水で血を洗おうとしたその時だった。水面に血が一滴したたると、暗がりから悪魔が忍び寄るように巨大なピラーニャが浮き上がり、杉本氏の指を目がけて飛びかかってきた。

一瞬の出来事である。杉本氏は間一髪で手をひっこめて尻もちをついた。いきおいあまったピラーニャは水面から飛び出し、杉本氏の指をかすめて歯をがちがちと鳴らしながらまた水中の闇の中に姿を消した。

私と杉本氏は茫然と顔を見合わせ、息を呑み、言葉を失った。しばらくして恐る恐る水面下を覗き込んでみると、数十、いや数百かとも思われる悪魔の群れが狂ったようにボートを取り囲んで泳ぎ回っていた。この光景にはガイドのジョセもさすがに肝を潰したようで、無言でスロットルを開けるとそそくさとその場を退散した。

もしあの時、誰かが水の中に落ちていたとしたら……。

血に狂ったピラーニャの群れに襲われれば人間ならば数分で骨にされるというが、嘘でも誇張でもなく事実なのである。

・トライローン

クルル・アスー川の四天王のひとつ。パライゾを守る番人といったところ。南米の雷魚と称されるタライラの近縁だが、こちらは最大で二〇キロを超える大型魚である。正に雷のような魚で、その鋭い歯で牛の舌を喰い千切るといわれる。かつてはアマゾンの上流部ならどこにでもいたのだが、近年はサンベネジット川水系など限られた水域でしか見られなくなった幻の怪魚である。

逸見氏と組むと何かが起こる。クルル・アスー川の第三キャンプに入って二日目、新しいポイントを探そうと広く浅いラゴーンに迷い込んだ時だった。ガイドのバカボウが岸際を指さし、低い声で、囁くように言った。

「トライローン……」

さり気なく視線を送ると、足首ほどの深さしかない浅場に丸太のようなものが沈んでいるのが見えた。水底を枕にするように横たわり、のんびりとエラを動かしている。水辺を走り抜ける野ネズミか、ジャカレの仔供《こども》か、水鳥でも狙っているのだろう。まさか魚が水鳥を……などと鼻で笑ってはいけない。アマゾンでは日常的にそのようなことが起こり得るのである。トライローンを一度でも目にすれば、反論できなくなる。

その時、私は、ナマズでも狙ってみようかと木製の巨大なジョイント・ルアーを付けた四〇ポンドクラスのタックルを手に持っていた。トライローンは狙って釣れる魚ではない。「クルル・アスーに三回通って一匹」といわれるほど確率の低い魚で、それを手にするためには好運と偶然に頼るしかないのだが、私は考える間もなくルアーをキャストしていた。

鼻先に落ちる。命を吹き込む。同時に雷鳴が轟き、ラゴーンの静寂は微塵に砕かれた。

トライローンという魚はまったくとんでもない暴君で、身も蓋もない暴れ方をする。ところかまわずころげ回るような動きそのものが魚とはかけ離れていて、釣り味うんぬんよりも、ジャカレと格闘しているような感覚である。こいつならば、確かに水鳥も、牛の舌もやりかねない。体の中に、たっぷりと火薬を仕込んでいてのべつまくなし爆発させるので始末におえない。

　ともかくなだめたりすかしたりしながら火を鎮静させ、なんとかボートに寄せてきたのだが、それからがいけなかった。逸見氏が口をペンチではさんで取り込もうとしたのだが、うっかり上顎に掛けてしまい、そこでまた消えかけた火薬に引火した。トライローンは大爆発を起こしてペンチを振りはらい、水の中に消えてしまった。

「す、み、ま、せん……」

　その時の逸見氏の落ち込んだ顔ったらなかった。何しろ逃がしたトライローンは、八〇センチを超える大物だった。釣り師の人生に何度もない好運が、摑みかけた夢が、栄光が、呆気なく霧散してしまったのである……。

「ま、いいじゃないですか。よくあること。そう、よくあることです。また釣ればいいんだから……」

　とはいいつつも、私もかなりへこんだ顔をしていたことだろうと思う。もしかしたら真赤になって、額に血管が浮き出ていたかもしれない。バカボウは頭を抱え、ひくひくと引きつった笑いを浮かべながら魚が消えた水面を見つめていた。

ところがである。悪夢を振り払おうと漫然とルアーを岸際に投げると、奇跡が起きた。着水の瞬間に、またしても、ひときわ大きく雷鳴が轟いたのである――。

長いこと釣りをしていると、いろいろなことがある。今度は逸見氏も慎重に下顎をペンチではさみ、ランディングした魚は一メートル近いトロフィーサイズだった。

もし逸見氏がミスをしなかったとしたら……。

この魚には巡り会えなかったのだ。

この他にも数種類のナマズ、数種類のシクリッド、木の実や水ゴケでしか釣れないパクー、釣ったはいいが種類が皆目見当もつかない珍魚、怪魚などがクルル・アスー川にはひしめき合っている。その種類は、わずか五日間の滞在期間中に私が釣り上げただけでも計一五種にも及んだ。

あらためて、アマゾンは偉大なりき。

トライローン。
水中のダイナマイト。

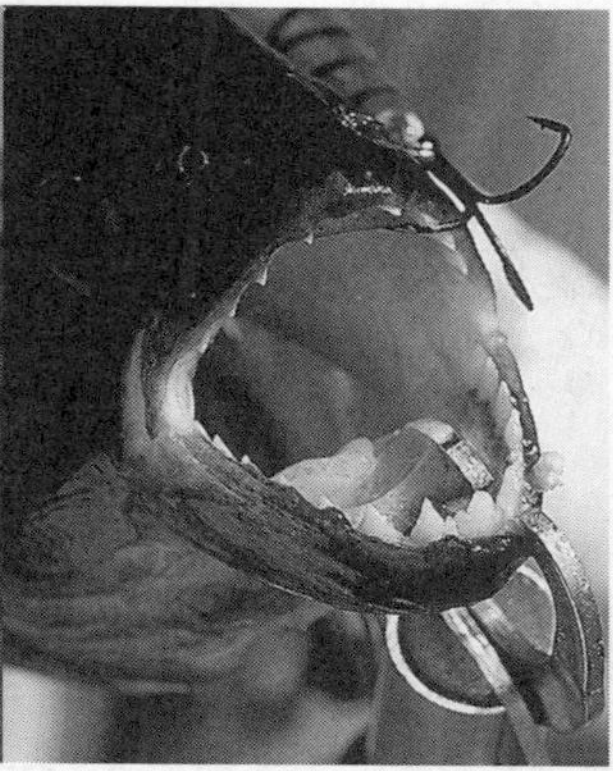

ピラーニャ・プレタ。こいつに襲われたら三分で骨になる。

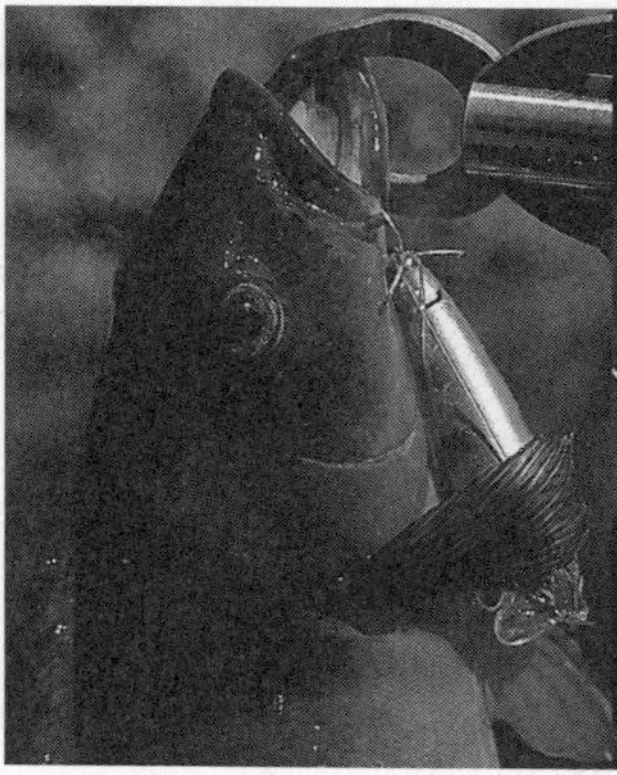

謎の魚。
図鑑にも載っていない。

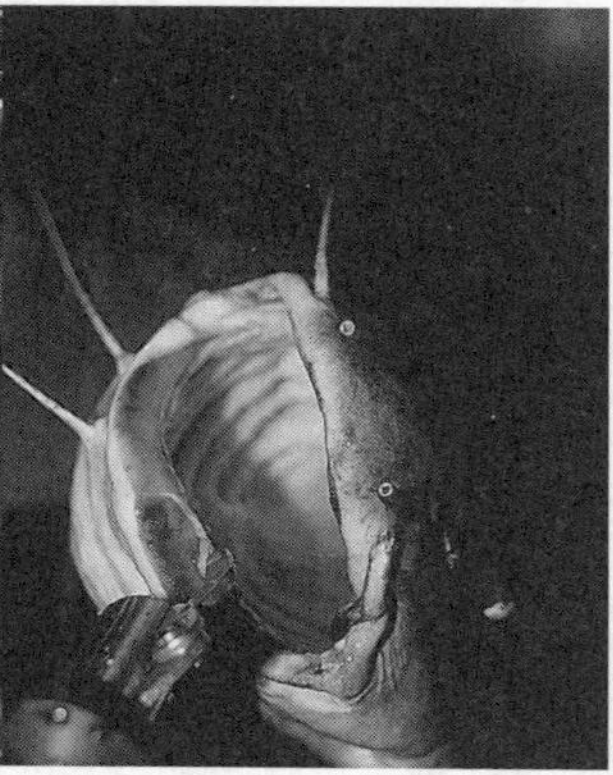

バルバード。
極上の煮込み料理になる。

ワレ怪物ヲ撃沈セリ

日々の釣りも終焉に近づき、黄昏が迫る頃になると、インディオのガイドたちは誰からともなくそわそわと落ち着きがなくなる。その日もすでに夕食のツクナレもマトリシャンも確保しているはずなのに、ジョセ・ベラードは食べられもしないカショーハを一匹締めてそそくさとしまい込む。

やがてガリバーがけたたましく鳴き叫びながら家路を急ぎ、深い闇がジャングルを包み込むと、ジョセはおもむろにカショーハを輪切りにしはじめる。時折、自らの指を嗅いで顔をしかめ、納得するように頷きながら。

「そろそろ、ピラーニャの悪魔どもはお休みの時間だ。しばらくすると、怪物どもが目を覚ます。そのオモチャみたいな道具は片づけちまえ。もっと大きなホンモノの男の道具を準備するんだ」

不思議なもので、ガイドたちとは何日かいっしょに過ごすうちに、言葉は理解できなくとも話は通じるようになってくる。私はそれを合図にピストルを大砲に持ち換えて、準備を始める。

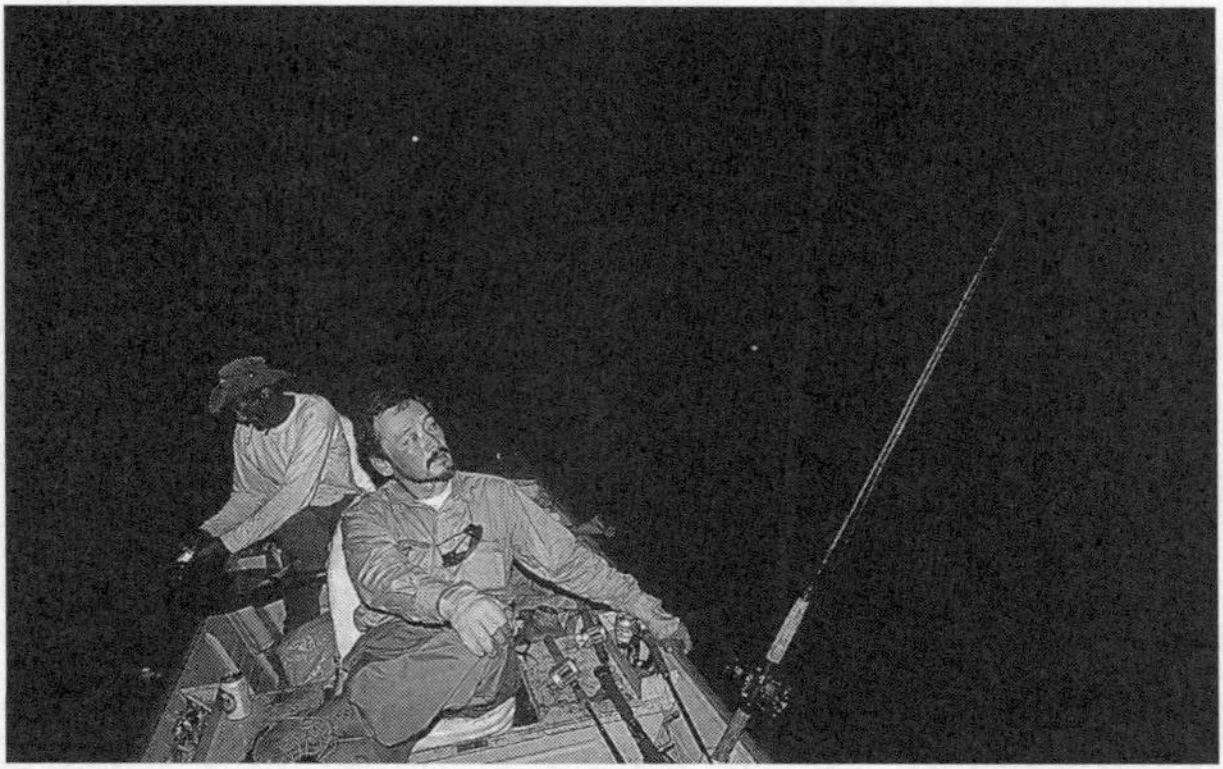

夜釣りで巨大ナマズを狙う。
次の一瞬にとてつもないことが起こる。

ロッドはフェンウィックのマスキー。その名のとおりカナダに生息するマスキーという巨大魚を釣るために作られた専用の竿で、おそらく淡水用としては世界最大、最強である。今回はこれを二本用意してきたが、相手の剛力とスピードを考えて長い方を選んだ。

リールはABUの一〇〇〇〇C。これも淡水の釣りではまず使うことのない強力無比の大型リールである。何年か前に、このリールをオーストラリアの海で使ったことがあるが、大人の背丈ほどもあるスパニッシュ・マッカレルがいとも簡単に上がってきた。今回はこれに一〇〇ポンドのナイロンが二〇〇メートル巻いてある。

けっして「大袈裟な」と笑うなかれ。ア

マゾンで、クルル・アスー川で、しかも日没後に釣りをするにはごく標準的な道具なのである。さらにハリスにはステンレスの一・五ミリの針金を使い、そこに鮫用の巨大なフックを結びつけてあるが、いざ大物が掛かってしまったらこれでも心許ない。クルル・アスー川には怪物が潜んでいる。そのひとつが、機中でマツナミ老から聞かされたピライバーである。だがピライバーは、年に二回、月のない闇夜にしか釣れない。そこで今回は、同じ大ナマズの一種、ピラアーラを狙うことにした。英名はレッドテール・キャット。ピライバーが東の横綱だとしたらピララーラは西の横綱といったところで、大きなものは五〇キロを軽く超える。

日が落ちるのを待って、ボートを切り立つ崖の下の深場へと移動させた。あらためてボートのエンジンを見ると二五馬力しかないので少し不安になるが、空には欠けた月が残っているので一〇〇キロのピライバーが釣れることはないと思いなおし、心を落ち着ける。

カショーハの輪切りをひとつフックに刺し、仕掛けを沈めてアタリを待つ。気配を殺して、周囲の様子を探る。ピラーニャというのは意外とお行儀のよい魚で、暗くなれば眠り、太陽が昇るまでは目を覚まさない。明るいうちに切り身の餌などを沈めたらひとたまりもなく骨だけにされるはずなのだが、不自然な動きはラインを伝わってこない。

無風――。

無音――。

だが、アマゾンの闇は魑魅魍魎《ちみもうりょう》の気配に満ちている。森の中にも。岸辺にも。そして水の中にも。瞼を閉じて、心の目を開いて闇の中を探る。人であることを忘れ、獣の本能を目覚めさせる。

ABU一〇〇〇Cのギアが、ひとつ、またひとつ、音を立てる。

何かがいるのだ。カショーハの臭いを嗅ぎつけた、何かが。私はさらに心の目を研ぎ澄まし、相手の出方を待つ。

ギアが鳴る。三つ。四つ。五つ……。

ジョセが、無言で頷《うなず》く。だが、私はまだ動かない。わかっている。敵は用心深く、狡猾である。油断させて、たっぷりと餌を呑み込ませてやらなくてはならない。私はビールを一口すすり、静かにロッドを両手にかまえ、大きく息を吸い込む。

おそらくゲティスバーグの戦いでも、アラモの砦の最後の決戦でもそうだったのだろうと思う。戦いの火蓋が切って落とされる前に、荒野に撃鉄を起こす音が鳴った。

だが、アマゾンは平和だ。ここには犯罪も、政治も、戦争もない。

ギアが鳴った。断続的に、鋭く。やがてその音は途切れることなくつながり、悲鳴となって闇を裂いた。

ハンドルをロックし、のけぞる。すべての力を、全身で受ける。だが、敵は止まらない。ABU一〇〇〇Cのドラグをうならせ、一気に闇の中に突っ走る。そうこなくっちゃいけない。

アマゾンのナマズ族をなめてはいけない。奴らは、正に怪物である。水中のダンプカーである。横にいなすこともなく、ジャンプすることもなく、ただひたすら水中に突進する。

パンタナールではピンタードに三〇ポンドのラインを引き千切られた。クルル・アスー川でも一度、一メートルを超すカッシャーラ（タイガー・シャベルノーズ）を掛けたのだが、こいつはマスキー用の巨大なルアーのフックを伸ばして逃げ失せてしまった。奴らは常に力と力の勝負を挑んでくる。こちらも心してかからなければならない。

だが、それでも敵の力は想像を超えていた。ドラグは一〇〇ポンドのラインに合わせてロック寸前まで締めてあるはずなのに、突進を止められない。こちらも腕力には多少の覚えはあるはずなのに、竿がのされる。それでも力まかせに竿を立てようとすると、剛竿マスキーの先端がポキリと折れた……。

「なんてこった！」

こっちは大切な竿を折られて一気に頭に血が昇ったのだが、ジョセも、同乗していた残間氏も、腹を抱えて笑っている。

「○△□×!!!」

それからは釣りというよりも土木工事だった。汗をぬぐいつつ「エーンヤコーラ」と竿を立て、「父ちゃんのためなら……」とリールを巻くと、奴も「母ちゃんのためなら……」とラインを引き出していく。その根性、持久力たるや凄まじいもので、こちらはおいそれとビールを飲んでいる暇もない。

ブラジルは何かにつけ精力剤の好きなお国柄で、確かナマズ料理もこれに名を連ねていたように思う。これだけの持久力を見せつけられれば、あやかりたいと思うのも当然だと妙に納得した……。

だが日本からやってきた中年男の体力もまだまだナマズごときには負けていなかったようで、そのうち少しずつ、距離が詰まってきた。敵は、ボートの真下にいる。ジョセがトーチを暗い水面に向けると、その光の中に、白、赤、黒の極彩色の魚体がゆらゆらと浮かび上がってきた。

西の横綱、ピララーラである。その異相、その華やかさ、その巨体に思わず息を呑んだ。

魚もこのくらいの大きさになると、なまじっかの方法ではボートに上がらない。ジョセがガウショ（カウボーイ）時代のロープを取り出してきてエラに巻きつけ、私と残間氏が両方の胸ビレを摑んでなんとかボートに引きずり上げた。メジャーを持ち合わせていなかったのであくまでも目測だが、体長およそ一・二メートル。重さおよそ三〇キロといったところだろうと思う。この手の大ナマズにやれトロフィーだのランカーだのといってもはじまらないのだが、竿とリールで釣った獲物としてはかなりの大物であることは確かだろう。ただし、「ピララーラは美味いのか」とジョセに訊くと、「不味《まず》くて食えない」という答えが返ってきて力が抜けてしまった。

——午後八時〇〇分、ワレ怪物ヲ撃沈セリ——。

なにはともあれ……。

腹が減った。

ピラルーラ。30キロの大物。
「ワレ怪物ヲ撃沈セリ」

神々の別離

クルル・アスーの第三キャンプにはテレビはない。ラジオの電波も、もちろん新聞も届かない。ポンコツの無線機が一台あるのは見かけたが、それが使えるのかどうかもわからない。もし我々が神々のごとく釣りと酒にうつつをぬかしている隙に、下界のどこかの独裁者がヒステリーを起こして核ミサイルのボタンを押したとしても、誰も気がつかないのではあるまいか。パライゾはあくまでも毅然として天上の世界であり、崇高なまでに下界とは隔絶されている。

このような場所で五日間、ただひたすらに魚とたわむれる生活を満喫していると、体から都会の毒気が完全に抜け落ちてしまう。肉体も精神も少年のように軽くなり、新鮮になって、洗面所の割れた鏡にはいつもニヤニヤと不敵に笑う顔しか映らなくなる。

ところで、パライゾに滞在した五日間でどのくらいの魚を釣ったのだろうか。数えていたわけではないので実は皆目見当もつきかねるのだが、数でいうとおそらく数百という単位にはなると思う。ためしに、ルアー・フィッシング初心者の長谷川君に訊いてみたところ……。

「たぶん、四〇〇キロくらいは釣ったと思う」

と、とんでもない答えが返ってきた。もちろんこれはアマゾンのヨタ話として聞き流していただいてもかまわないのだが、その場にいた私にいわせれば鼻で笑うわけにもいかず、否定する材料も見つからない。かくして長谷川君の顔つきは、この数日の間に、素人からプロのペスカドール（漁師）へと変貌をとげた。この調子ならば村のボニータを娶《めと》ったとしても、エル・マチョ（男一匹）として末永く家族を養っていけることであろう。

最終日、例のごとくガリバーの声で目を覚まし、ベーコンと新鮮な卵の朝食を詰め込む。もう顔なじみになったジャカレの頭にごつんと一発かまし、荷物と共にボートに乗ろうとすると、賄いのおばさんが涙を浮かべて立っている。歯の抜けた口元を見ると多少引くものはあるが、その顔が奇妙に懐かしく、温かく感じられて、思わず抱きしめたくなった。

この数日間、心のこもった食事を毎日ありがとう。バルバードと豆の煮込みは最高だった。君が年頃のボニータだったら放ってはおかないのだがと伝えたいのだが、言葉が通じなくてもどかしい。それにしても、人はなぜこれほど純情になれるのだろうか。たった数日間、パライゾの水を飲んだだけで。

帰りはのんびりと川を下りながら、ツクナレ・ホーゴや、パッカや、ピラーニャとたわむれて過ごす。その一匹、次の一匹を手にする度に私は魚体の美しさに目を奪われ、華麗な色彩を心に焼き付けた。そして一言か二言、秘密の言葉をかけて再会を誓い、澄んだクルル・アスー川の水の中に帰してやった。

タイマスー・フィッシングロッジまで戻り、目の前のサンベネジット川で退屈しのぎに竿を振っていると、ラグビーボールほどのパクーが釣れてきてささやかな花を添えてくれた。それが、パライゾの最後の魚だった。間もなく南の空から低くうなるようなエンジン音が聞こえ、一羽の怪鳥のように小型のテコテコが舞い降りてきた。

ここを去りたくはない。素直に、そう思った。だが、我々には次の旅が待っている。

六人のフィッシャーメンと荷物一式を腹に飲み込んだテコテコは、草原で何度もバウンドを繰り返すと、ヨタヨタと頼りなげに大空へと舞い上がった。旋回するとロッジの前で、アロヨ氏と何人かのガイドたちがいつまでも手を振っているのが見えた。

だが残念なことに、それとも好運にというべきか、長谷川君を追って走り寄るボニータの姿はついに現れなかった。

残間キャパ。
フライフィッシングの達人。

我がザリガニ同盟の盟友、長谷川君。
生まれて初めてのルアーフィッシング。

別れは常に滑稽で、時として紙芝居のように安っぽい。
結末は神のみぞ知る。
アーメン……。

第四章　リオ・デ・ジャネイロの休息《アンショーバ》

丘の上の白いキリスト

眩しい日射しで目を覚ました時、一瞬、自分がどこにいるのかわからなくなった。洗いたてのシーツ。エアコンディショナーに管理された室内。窓の外からはクラクションの音や、にぎやかな雑踏の気配が流れてくる。

しばらくまどろんでいるうちに、自分は前日の夜にリオにたどり着き、酒を飲み、気絶するようにベッドに倒れ込んだことを思い出してきた。頭の芯に、昨夜のウイスキーの毒がかすかに残っている。

ここはアマゾンではないのだ。ピラーニャも、ジャカレもいない。今日は釣りをしなくてもすむのだと思うと幸せな気分でもあり、気が抜けたようでもある。考えてみると、日が高く昇るまで眠る贅沢も何日ぶりだろうか。

重い頭と体をひきずりながら階下のレストランに下りていくと、なんとも間の抜けた顔をした仲間たちが一人、また一人と集まってくる。男とは奇妙な動物である。アマゾンのジャングルの中にいる時にはそれぞれが精悍な面構えで目をぎらつかせていたのに、町に出ると一夜で牙が抜け落ち、野性を失ってしまう。寝起きの顔でパンの入った口を動かす様子には腕こきのガンメンの面影はなく、むしろ飼い馴らされたムーミンのようである。おそらく、私もそうなのだろうけれど。

「さて、今日はどうしますか……」

誰からともなく、何気なく呟く。

「観光でもしますか。皆さん、リオは初めてですよね……」

逸見氏がおっとりと応える。

〝観光〟という言葉に、新鮮なひらめきを感じた。二〇歳の時に初めて日本を飛び出して以来、私はバックパッカーやら冒険やら釣りやらで世界じゅうのアウトバックを旅してきた。北米、南米、アジア、オセアニア、ヨーロッパ、アフリカを含めその間に訪れた国は正味五〇カ国以上。延べでいうとはたして何カ国になるのか数えてみる気にもならないほどの国を放浪してきた。都市もしかり。だが思い返してみると、誰かに手を引かれながら名所旧跡を高覧させていただくお大尽のような観光旅行はまったくといっていいほど経験したことがなかった。

「観光、いいですなぁ……。イヒヒ……」

思わず、笑いがこぼれ落ちてしまう。

リオ・デ・ジャネイロはサンパウロに次ぐブラジル第二の都市である。眼前に広がるグアナバラ湾の景観は世界三大美港のひとつとして称賛され、かの有名なコパカバーナに代表されるビーチリゾートとしても知られている。

手元にある旅行ガイドブック程度の知識によると、人口はだいたい七〇〇万人以上。ただしこれはブラジル流にいうところの「ま、そんなもんだろう」という程度の数字なので、あくまでも参考までに。リオ・デ・ジャネイロはポルトガル語だが、直訳すると〝リオ〟は「川」。〝ジャネイロ〟は「一月」。つまり〝一月の川〟というような意味になる。だが不思議なことに、リオ・デ・ジャネイロには町の名に匹敵するほどの大河は流れていない。調べてみると、この地がヨーロッパ人によって発見されたのが西暦一五〇二年の一月。その時グアナバラ湾を発見したポルトガルの探検隊が確かめもせずにこれを〝川〟と間違えてしまい、そのまま〝一月の川〟という地名が定着してしまったらしい。

一七六三年にサルバドール総督府から都が移されて以来、一九六〇年にブラジリアに遷都されるまで首都はリオに置かれてきた。その間、およそ二〇〇年。勘違いでつけられた地名をそのまま首都の名として使い続けた感覚もいかにもブラジルらしく、のほほんとしている。

リオはサンバの町である。毎年二月から三月にかけての謝肉祭に行われるリオのカーニバルは、世界最大のどんちゃん騒ぎとして世に知られている。これに参加するエスコーラと呼ばれるサンバのチームは総勢およそ四千人。世界各国から集まる物好きな観光客はおよそ七万人。これがセントラル駅前の会場からパレードとなって町をのし歩き、四日間にわたり踊りまくる。さらにこの大騒ぎがコンクールの順位を決めるチャンピオンズ・パレードへとなだれ込み、リオ・デ・ジャネイロはほぼ一週間を通じて都市の機能を失って浮かれまくる。その間に消費される金、酒、料理、ドラッグ、コンドームの量ははたしてどれほどになるのか。ブラジル政府は、正確に把握しているのだろうか。

リオの一年はカーニバルに始まり、カーニバルで終わる。庶民は一年かけて稼いだ金を、すべてカーニバルの一週間で使いはたしてしまう。あとはケセラセラで一年を浮かれて過ごすことになる。

「毎年カーニバルの間に、大量に人が死ぬんです。喧嘩やら酒の飲み過ぎやらドラッグのやり過ぎやらで。でも、人口は減らない。カーニバルから一〇カ月後、毎年一二月の末から一月になると、リオでは大量の私生児が生まれるんです。カーニバルの夜にできた子供たちです。うまくできてるんです」

誰からともなくそんなことを訊いた。いかにもありそうな話ではある。

さて、観光だ。

チャーターされたマイクロバスにそそくさと乗り込み、遠足の小学生のようにはしゃぎながらコズメ・ベーリョの駅に向かう。ここで土産物屋を冷やかし、御伽噺にでも出てきそうな赤い登山電車に乗り換えてコルコバードの丘に登っていく。

進行方向の右側が景色がいいと聞いて窓際の席に陣取ったのだが、走り出してしばらくすると遠足気分も消沈してしまった。暗い斜面の森の中に、線路に沿うようにマッチ箱のようなバラックが肩を寄せ合っていた。そこには日の当たらない貧困があった。幼い少年が、少女が、通り過ぎる電車を見上げている。

電車は間もなく森を抜け、眩《まばゆ》いばかりの陽光の中を登り続ける。彼方には空に浮かぶような紺碧の海が広がり、その手前には幾重にもなだらかな丘が連なる。丘の斜面には白亜のマンションが建ち並び、街と海を見下ろしている。この世の風景のすべてを支配するかのように。

二〇分ほどでコルコバードの丘の駅に辿り着くと、そこにはまだ二二六段の階段が待ち受けている。神の宿る天上の世界は遙かなりき。

階段を登りきると、目の前に巨大なキリスト像が立っていた。その高さはおよそ三八メートル、両手を広げた幅は二八メートル、重さは一一四五トンもあり、リオ・

デ・ジャネイロの市内のどこからでも見上げることができる。朝日を浴びて輝く姿は神秘的なまでに美しい。だが、目の前に立ってみると、思っていたほどの感慨も高揚も涌き上がってはこなかった。白いろう石が貼られた全身は造りが雑で、神を表現するに価するこまやかさに欠けていた。神とはあくまでも下界から畏れ敬いつつ見上げるものであり、同じ目線から眺めるものではないとあらためて知った。

丘の上を一周し、グアナバラ湾やロドリゴ・デ・フレイタス湖やコパカバーナビーチの風景の大パノラマにしばし感嘆の息をもらし、またぞろぞろと観光客を気取りながら帰りの電車に乗り込む。赤いマッチ箱のような登山電車は黙々と働きながら天界から下界へと下っていく。

暗い森の中に入ると、またしても先程の幼い少年少女たちと視線が合った。

彼らは、目で語りかけてくる。

「丘の上に、神はいたのか」

と――。

私は無言で答える。

「いや、神はいなかった」

と――。

もし神が存在したとしたら、目の届くその足元に、これほどの階級の差を作りたもうたはずがないのだ。だが、それでも、たったひとつわかったことがある。

光が当れば、そこには必ず影ができる。

荒海のドン・キホーテ

翌日は船に乗った。

竿を持たない釣り師は陸《おか》に上がった河童《かっぱ》と同じである。たった一日街を歩いただけで、心が乾き、筋肉が疼いて落ち着かなくなる。

六月のリオは真冬である。南からは冷たい季節風が吹き、海はうねり、水温は上がらない。大きな魚の群れはカーニバルを終えて、みんな暖かい北の海に去ってしまった。何が釣れるかわからない。一日船に乗っても、一匹か二匹。魚の顔がおがめれば幸運な方だとも教えられた。だが、前の晩に食事を終えてグラスを傾けていると、誰からともなく海に出てみようという話になった。

ここはリオ・デ・ジャネイロだ。目の前には世界三大美港といわれるグアナバラ湾が広がっている。カーニバルの季節が終わっても、サンバに浮かれているうちに逃げ

丘の上の巨大なキリストと日本人。
アーメン……。

遅れた群れがどこかに残っているかもしれない。

地元の中内君が探してきた船はヘミングウェイの小説に出てくるような百戦錬磨の老朽《ろうきゅう》船で、釣り船ともタグボートともつかない代物だった。船長のフィルミーニョは頑丈一点張りの大男で、寡黙だが、常に笑顔を絶やさない好漢だった。この船にしてこの男ありきといったところ。我々が早朝に港にかけつけても焦るでもなく、慌てるでもなく、まして悪びれるでもなくくわえタバコで黙々とエンジンの修理に余念がない。

日が高くなる頃になって出航したが、リオの時計は日本とは別の基準で時を刻むらしく、ペースは一向に上がる気配がない。リュウマチ持ちのエンジンは骨をきしませながら大仕事をしているはずなのに、音だけは威勢がいいのだが船は一向に前に進まない。静かなグアナバラ湾のゆるやかな潮流にも押し流されているようで、なんとも心許ない。それでも遠くに見えるコルコバードの丘のキリスト像を眺めていると、少しずつではあるが確実に湾の出口に向かっているのがわかる。

我々は、日光浴を楽しむために海に出たのだ。潮風に吹かれながら、冷たいビールを味わうために。もし波に揺られながら眠ってしまうならそれもいい。もし釣り場に着けば、仲間の誰かが起こしてくれるだろう。

リオ・デ・ジャネイロの荒海。
うねりに身をまかせながら、アンショーバを狙う。

しばらくして、湾の出口の、潮流に洗われる小さな岩場でフィルミーニョ船長が船を止めた。重い体を起こし、ビールの缶を竿に持ち換えてさらしの中にルアーを投げる。ここで中内君がシェレレッチというアジのような魚を釣った。だが釣れたのはその一匹だけで、あとはカーニバルの後の閑散とした街のように静まりかえってしまった。岩にぶつかる波の音と、海鳥の鳴き声しか聞こえない。

さらに沖に向かう。湾を出ると潮の目が変わり、南からの季節風が大きなうねりを運んでくる。老朽船は掛け声と共にうねりに立ち向かっていくが、途中で息を切らしてなかなか乗り越えることができない。波に翻弄され、風に押し流されて大海原を漂流していく。けたたましいエンジン音が、笑い声に聞こえてくる。まるで死を恐れぬドン・キホーテのごとく。

酔った——。

酒にではなく、船に酔ったのだ。

恥かしい話だが、実は、私はそれほど船には強くはない。海釣りはよくやるし、小さな船で荒れた海に出るのも馴れているのだが、限界を超えるといきなり骨抜きになってしまって体に力が入らなくなる。

しかもこの日は悪条件が重なっていた。前の日に——これはいつものことでもあるのだが——しこたま酒を飲んだ。風が強く、波が高い。その波もリズムのないでたらめなうねりで、摑みどころがない。さらに悪いことに船は動いているのか止まっているのかもわからない有様で、右に左によろめきながら波間を漂っている。立っていると疲れるのでデッキに横になってみたが、あっちへごろごろ、こっちへごろごろ、落ち着ける場所がない。

見るとこの大波にたじろいでいるのは私だけではないようだった。

逸見氏も……。

残間氏も……。

唯一涼しい顔をしているのが素人のはずの長谷川君だった。嬉々として舳先に立って潮風を浴び、波をものともせずに昼飯を詰め込む。はたしてこの人は本当に豪傑なのか。それとも単に恐いもの知らずなだけなのか。この新人を見ていると頼もしいやら恐ろしいやら、余計に不安になってくる。

それでも船はなんとか前進しているようで、気がつくとリオの街並ははるか彼方へと遠ざかっている。このまま自分はどこに流されていくのだろうか。ああ、いまこの船が沈んでも陸には泳いで戻れないなと思うとジョン万次郎の運命を思い出して、心細くなってくる。コルコバードの丘の上にはまだかすかにキリスト像の姿が見えているが、足元の自国民にも目が届かないような神なのでこれだけ離れてしまうとまったく加護は期待できない。それとなく視線を這わせて救命道具の位置を確かめておくが、やはりというべきか、役に立ちそうな物は見当らない。だがフィルミーニョ船長は慌てるでもなく、悪びれるでもなく、ただにこやかに笑いを浮かべながらくわえタバコで舵を握り続ける。

私はぬるいビールを口に含み、呟く。

南無阿弥陀仏……。

どのような自然の気紛れでそのような地形になったのか皆目わからないのだが、リオの沖合いの大海原の真ん中に、ぽつりと奇妙な岩が飛び出している場所がある。島と呼ぶにはあまりにも小さな一枚岩で、大波がくれば一瞬でその中に沈み、波が引くとまた顔を出してその下にさらしができる。常に荒波に洗われているせいか岩は丸く磨き込まれていて、波間に漂う大蛸か巨大な海坊主の頭のようにも見える。

どうやらフィルミーニョ船長は、当初からその大蛸岩を目指していたようだった。岩に着くとけたたましいエンジンの音を絞り、そそくさと釣りの支度を始めた。私もよろけながら立ち上がると、岩の周囲に無数の漁船が浮かんでいるのが見えた。なるほど、この大蛸岩はこのあたりで屈指の漁場であるらしい。褐色の肌をした男たちが、波間に揉まれる木の葉のような小舟の上を嬉々として跳び回りながら、しなやかな筋肉を躍動させて釣り糸を手繰る。アンショーバという名の海のマスのような魚を次々と釣り上げていく。

この荒波の中を、彼らはどこから来て、どこに帰っていくのか。命が惜しいとは思わないのか。「何のために」と問えば、「次のカーニバルのために」と答えるのだろう。「なぜ」と問えば、「我らはカリオカ（リオっ子）だからさ」と答えるのだろう。波をサンバのリズムに例えながら。

私も、竿を振った。よろめき、這いつくばり、デッキの上をころげ回りながら。だが、カリオカの漁師のようにサンバのリズムに乗ることはできなかった。アタリもないし、カスリもしない。最後にとっておきのルアーを岩のさらしの中に投げた時、たった一度だけ強いアタリがあった。アンショーバではない。もっと大きな魚だった。だが足元もおぼつかない波の上では満足なやり取りもできず、ラインを出されるばかりでルアーを持っていかれてしまった。そこで力尽きた。

日が沈む頃まで釣りをして、中内君が小さなシェレッチを一匹。フィルミーニョ船長がアンショーバを三匹。それだけだった。我々は尻尾を巻いて大蛸岩を離れ、黄昏にきらめきはじめたリオの街の灯に向けて退散した。

老朽船はあいかわらずけたたましく唸るだけで、もどかしいほどに進まない。途中で一度エンジンが止まってしまい、フィルミーニョ船長が機械室に潜り込んで生き返らせる。そしてまたよたよたと動き出す。

私は退屈しのぎに竿を一本出して、ルアーを流しておいた。期待があったわけではなかった。ところがどうしたわけか、湾の入口の何の変哲もない場所で急に竿先が重くなった。ためしに巻き上げてみると、けっこうな型のアンショーバが掛かっていた。

釣れた魚に「なぜ」と問う。

魚は口をゆがめながら、「カーニバルにはぐれちまったのさ」と答える。

コパカバーナの恋人

美しい花には棘がある。使い古された言葉だが、いい得て妙である。

万世の法則に倣《なら》うわけでもないが、つたない経験からいわせていただくと華やかな都市は必ず影に毒を秘めているものである。毒はそこに住む者、訪れる者を勾引《かどわ》かし、惑わせ、享楽の罠に陥《おとしい》れる。時には命の値段を耳元で囁きながら。そして毒は強いほど、危険なほど都市を華やかに見せる。

六月のリオ・デ・ジャネイロはシーズン・オフである。カーニバルは終わり、風は冷たく、フットボール（サッカー）の狂乱《きょうらん》が始まるまでにはまだ少し待たなくてはならない。マラカナン・サッカースタジアムに行ってもヨットハーバーを訪ねてみても、街はどこも閑散としてうたた寝をしている。

だが、コパカバーナのビーチには強い日射しがあった。眩いほどに白い砂浜の上には三角の小さな布切れで体を隠したボニータや、筋肉を誇示するカリオカが寝そべ

コパカバーナのビーチでエビを食べる。

り、青く抜ける空の下で琥珀色の肌を焼いていた。

この街には本当の意味での冬はない。熱い夏か。それとも、静かな夏か。

目的もなくただぶらぶらと白い砂の上を歩き、気が向くと屋台のベンチに腰を下ろして焼いたシュリンプを食べ、ビールで喉を潤す。そしてまた歩く。波の音。風の音。ボニータとカリオカの戯れる声が澄んだ大気の中でシンフォニーを奏でながら、耳の中を心地良く吹き抜けていく。

途中でメンバーの足りないビーチバレーのグループに誘われてみた。だがシェラスコを食べ過ぎて丸い腹をした、私の倍は体重がありそうなマチョが鳥のように砂の上に舞うのを見せつけられ、一ゲーム付き合っただけで身を引くことにした。

そしてまた、あてもなく歩き続ける。心のどこかで、何かを期待しながら。

「そこのジェントルマン。助けていただけないかしら……」

予感もなく、声を掛けられた。久し振りに聞く英語だった。振り返ると、淡いブルーのビキニを着た金髪の美女がビーチマットの上に横になっていた。美女はサングラスを外し、読んでいた本を閉じて微笑んだ。

「何かぼくにできることがあれば」

「写真を撮っていただけないかしら。このビーチをバックに……」

「もちろん」

私は美女からキャノンのコンパクトカメラを受け取り、レンズを向けた。離れたところから、一枚。少し近づいて、一枚。アップから、一枚。何回かシャッターを切った。

「ありがとう。いい旅の記念になったわ」

「いや、もう少し。もっと君を撮ってみたい」

彼女は、はにかむように笑った。本当に美しい女性だった。けっして清楚ではなく。かといって、気品を忘れることもなく。心の中に小さな傷を忍ばせながら、男心をくすぐるように。

私がカメラを向けると、彼女は素早くあたりを見回し、ブラジャーを外した。腕を頭の後ろに回し、豊かな胸を突き出すように少し大胆にポーズをとった。ファインダーを覗くと、遥か丘の上で巨大なキリスト像が両手を広げて空を見上げていた。

カメラを手渡すと、彼女は胸を隠しながらアイスボックスの冷えたビールを差し出した。それを受け取り、彼女の脇に腰を下ろした。

「なぜぼくが英語を話せると？」

「あなたが地元の人じゃないことはすぐにわかったわ。たぶん、そう……日本人？」

「そう、日本人だ。よくわかったね」

「昔、日本人の恋人がいたの。素敵な人だった。だからいまでも、日本人を見るとすぐにわかる……」

波の音を聞きながら、話した。彼女がアメリカの、サンフランシスコから来たということ。一人旅だということ。新しい恋に出会うことを期待しているということ。いろいろなことを聞いた。お互いに、名乗ることもなく。彼女は知的で、ユーモアに富み、常に笑顔を忘れることなく、饒舌だった。

彼女がいった。

「昨日の夜、街でいいレストランを見つけたの。入ってみたかったんだけど、一人じゃ心細くて。今夜いっしょに、いかがかしら……」

波の音に掻き消されるような小さな声だった。私は冷たいビールを口に含み、青く抜ける空を見上げる。だが私には、行かなければならない場所がある。

「すまない。明日の朝、早いんだ。夜明け前の便にのらなくちゃならない」

「どこに行くの？」

「アマゾンの町、ベレン。その沖に、メシアナ島という島がある」

「そこに何があるの？」

「恋人が待っている。長年の恋人が……」

「そう……。きっと、素敵な人なんでしょうね」

「たぶん……」

「好運を祈るわ」

ビールを飲み終え、別れを告げた。彼女はまたサングラスを掛け、読みかけの本を開いた。

この町に冬はない。熱い夏か。それとも、静かな夏か。

第五章　メシアナ島の帝王《ピラルクー》

未知との遭遇

灼熱がすべてを支配している。

私はアルミのボートの上で、時折なまぬるい水を頭にかぶりながら、狭いカナウ（水路）に浮かぶウキに神経を集中している。ガイドのネルソンはやはり私と同じように、額にしたたる汗をぬぐいながら無言で自分のウキを見つめている。

しかし、時間は停滞して動こうとしない。派手な蛍光色に塗られた発泡スチロール製のウキは、場違いなほど滑稽なだけで、一片の気配さえ伝えてはこない。ただゆったりと、人間の五感ではとらえられないほどの微細な流れにまかせながら、カナウの上流から下流へと漂うだけである。

まだ一五歳になったばかりのインディオの少年、エロイは、いつの間にかフライパンのような船底にうずくまって眠ってしまった。その褐色の、鞣革《なめしがわ》のような皮膚を持つ肉体は、しなやかな野生動物を想わせる。熱帯の炎天をまったく苦にしない。私はその強靭さに畏怖《いふ》を覚え、また時には嫉妬を抑えきれずに戸惑う。

おそらく彼には、理解できないだろう。なぜ地球の裏側からやってきた男が、カナゥにボートを浮かべ、頭から水をかぶりながらウキを見つめているのか。その行為がどのような意味を持ち、何の価値があるのか。

確か一九七五年の八月だったか。フィンランドの元大統領のケッコーネン氏が、いまの私と同じように熱帯の灼熱に耐え、ブヨやカの大群の猛襲と戦いながら五日間にわたりウキを見つめ続けたことがあった。けっして国家のためにではなく。まして名誉や、私利私欲のためにでもなく。ただ、一人の男としての、ささやかな人生の夢のために。

当時、ケッコーネン大統領は七五歳という高齢だった。その年齢、また北国で生まれ育ったという境遇を考えても、さぞかし苦行であったことと思う。あらためて一国の主となる人物の体力と精神力には驚かされるばかりである。しかし、ケッコーネン大統領は、結局人生の夢をかなえることなく公務へと戻ることになった。

どのくらいの間、そうしていたのか。自分はなぜ、そこに存在するのか。人間の空間、時間に対する概念などというものはきわめていいかげんなもので、あまりひとつのことに集中しているとその他のことがおろそかになり、周囲の現実のすべてがあやふやになる一瞬がある。そのうち、ともすると、集中している一点からも意識が逃避を始める。

はるか上空を、アララ（コンゴウインコ）の群れが怒りとも歓喜ともつかない叫び声を放ちながら飛び去っていく。そのけたたましさに、ふと我に返る。

六月二四日――。

私はいま、世界最大の大河、リオ・アマゾン（アマゾン川）の河口に位置するメシアナ島にいる。寸分の狂いもなく、赤道直下。ブラジル北東部パラ州の州都ベレンでテコテコ（小型飛行機）をチャーターし、北西に向かい、河口部最大の島マラジョ島を縦断して約一時間の距離に浮かぶ小さな島である。

上空から見ても、島には丘とか山とか呼べるようなものは何もない。文明がわずかな人間と共に浸透するまでは島には石ころひとつ存在しなかったと聞かされた。ほぼ平坦な砂泥の浅瀬が水面に浮き上がっただけの河口の中州である。その表面を厚い緑が覆いつくし、カナウが毛細血管のように網の目を広げている。

地上から見ると、視界の中にあるものは見渡す限りのヴァルゼア（湿原）である。そこに申し訳程度の灌木がしがみつき、白と青に塗り分けられた空の下に小さな影を投げかけている。メシアナ島はほぼ一〇万ヘクタールの面積のうち、何本かの主要な川の周囲のごく一部のジャングルをのぞき、ほとんどがこのような風景になっている。

毎年一二月から翌年五月にかけてのエンシェンテ（増水期）になるとカナウやラーゴ（湖）が全島を侵略し、六月から一一月のヴァサンテ（減水期）にかけてその下から草原が勢力を伸ばす。エンシェンテとヴァサンテでは、陸地の面積は倍以上の差になるのではないかと想像できる。動物も、人も、この大自然の驚異に取り残されないように生きていかなくてはならない。同じことが、毎年欠かすことなく、太古から繰り返され続けている。

六月のこの時期、アマゾンの河口部はすでにヴァサンテに入っているはずである。本来ならば日ごとに水位が下がり、陸が現れ、限られたカナウやラーゴに水が集まりだす頃でもある。しかし、近年世界各地で囁かれる戒律は、このリオ・アマゾンをしてもけっして例外ではなかった。

今年は異常気象の影響で、例年よりも水が引くのが遅いという。この日も、早朝に天地の境がなくなるほどの大雨が全島を包み込んだ。ポルトガル語しか話せないガイドのネルソンは、雨が多いこと、水位が高いことを手まねで私に伝え、顔をしかめ、静かに首を横に振る。わかっている。心配ないさと伝えたいのだが、私は日本語と英語しか話せない。

運命なんて、そんなものさ。思いどおりにならないことが多い。私に与えられた時間は、五日間。その限られた時間の中で、人生に句読点を打たなくてはならない。もしかなうならば。

時折、忘れた頃に、ムラサキホテイの群生の中で大きな動物が重い水音を立てる。私はその方向を気配で探り、静かに指さす。ネルソンはそれを見て、口元にかすかに笑みを浮かべ、無言で頷く。ジャカレ（カイマン種のワニ）ではない。巨大な、魚だ。〝奴〟は、そこにいるのだ。

私は我を取り戻し、アイスボックスから取り出したよく冷えたビールで怠惰を清めると、ウキを見張る作業に没頭する。しかし、何も起こらない。しばらくするとネルソンがエロイを起こし、手まねで移動することを私に伝えた。目を覚ましたエロイは悪びれるでもなく、はにかむでもなく、瞬時に無垢の笑顔を満面にたたえヤマハのエンジンをかける。その一点の曇りもない笑顔は永遠だ。おそらく。この島で生まれ、この島で育った彼が、外の世界を見ることがない限り。

ムラサキホテイの群生を分けて、ボートはヴァルゼアの上をすべるように徘徊する。しばらくするとカナウとカナウの合流地点にムラサキホテイの勢力が途切れた小さなラーゴがあり、そこでアンカーを下ろした。

私は古くなったタライラの切り身を新しいものに取り換える。これは小型の、棒切れのような体形をした南米のライギョである。早朝に地元のペスカドール（漁師）が網で獲ってきたものである。最初のうちは生きのいいものを一匹丸ごと鈎に掛けて流していたのだが、数がとぼしくなるにつれて切り身へと切り換えた。この餌についても様々な説があって、生き餌でなくてはだめだという者。切り身の方がいいという者。同じ切り身でも新鮮なものに限るという者もいるし、少し臭いの出るくらいこなれたものが効くという者もいる。さらにミンニョーカ（ミミズ）だとか、カランゲージョ（泥ガニ）だとか、ピラーニャだとかありとあらゆる説があって、情報は混乱をきわめている。しかしいずれにしても実績はとぼしく、確証はない。

ラインを確認し、ウキの位置を調節して、時代遅れのリールを取り付けた重く太いロッドを振って一五メートルほど離れた水面に落とす。リールはスウェーデンのABU社の七〇〇〇番、ロッドはアメリカのフェンウィック社のマスキーである。いずれも頑丈なだけが取り柄の旧式だが、熟練と体力次第ではここ一番で頼りになる真の道具である。十数年前、いつの日にかたった一匹の特別な魚を釣るために、手に入れたものだ。

そしてただひたすらに、〃その時〃を待つ。考えてみると、延々とウキを見つめて過ごすような釣りは久し振りだった。ここ数年、私は日本でも、海外でも、疑似鈎を使うルアー・フィッシング一辺倒でやってきた。投げては引き、投げては引きの攻める釣りである。しかし、待つ釣りというのもそれほど悪いものではない。ルアー・フィッシングがドンパチのアクション映画だとすれば、ベイト・フィッシングはヒッチコックのスリラーに例えることができる。血湧き肉躍る痛快に対し、精神に忍び寄るような緊張がある。ただし、最後にドンデン返しのないスリラーほど、間の抜けたものもないのだが。

午前中は、何も起こらなかった。午後になっても、水面は沈黙を守り通した。そして夕刻が近づくにつれて自信がゆらぎ始め、期待は失望へと姿を変えていく。いつものことじゃないか。そんな経験は、何度もしている。

今日一日が、何事もなく終わろうとしている。もしかしたら、明日も同じかもしれない。明後日も。その次の日も。覚悟はできていたはずだ。

しかし、事態は突然の進展を見せた。黄昏がヴァルゼアを包み始めるのを待っていたかのように、何の前触れもなく、テニスボールほどもあるウキが水面下に消えた。

私はおそらくその時、息を呑んだのだと思う。ロッドのコルクのグリップを握り締め、ゆっくりと、音を立ててはいけないと言い聞かせながら、ボートの上に立った。自分の心臓の音に耳を傾けながら、大きく息を吸い込み、呼吸を整えた。しかし、まだ動いてはいけない。たるんだラインの気配に、全身の神経を集中する。

やがてラインが張りつめ、水面を疾りだした。リールのギアが悲鳴を上げた。今だ。ハンドルをロックする。そして全体重をかけて、合わせた。

だが、抜けた……。

リールを巻くと、一〇〇ポンドのライン、ワイヤーのリーダー、巨大な鈎が何の抵抗もなく引きずられてきた。餌のタライラの切り身は消え失せていた。それはなんと間の抜けた、だらしのない光景だった。

〝奴〟は、行っちまった……。

私はボートの中にへたり込んだ。ネルソンと目と目が合い、どちらからともなく、大声で笑い出した。

それが世界最大の有鱗淡水魚、ピラルクーとの初めての遭遇であった。

偉大なる意志

もし、〝彼〟がいなかったとしたら。

私の人生は、まったく違うものになっていたのではないかと思うことがある。

作家、故・開高健氏。一九八九年没。享年五九歳。日本の近代文学を代表する偉大な文筆家であったと同時に、思想家であり、哲学者でもあり、また旅人、グルメ、さらに釣り師としてもその名を知られていた。

初めて氏の小説に出会ったのは、まだ私が目の前のものすべてに噛《か》みつかなければ気がすまない十代の終わりの頃だった。作品は、氏がベトナム戦争に記者として従軍し、その時の経験を元に書かれた長編小説『輝ける闇』であったと記憶している。それまでの私は高校生の分際で酒場に出入りし、雀荘に通い、ヘルマン・ヘッセやロマン・ロランをちらつかせてはインテリを気取る鼻もちならない若造だった。しかし私はこの一冊によってそれまで想像したこともない人生の虚無を突きつけられ、稚拙な価値観や美意識といったすべてのものをたたき壊されて牙《きば》を抜かれてしまった。

以後、少年期から二十代の青年期にかけて、氏の著作のほぼすべてを貪るように読みふけった時期がある。酒場に繰り出す時にも、雀荘にたむろする時にも、恋人と会っている時にも、私のポケットのどこかには必ず氏の文庫本が忍ばせてあった。一冊の最初のページを開く度に心をときめかせ、読み進むうちに必ず新たな発見を堪能し、本を閉じれば自分の人格に確かな変化が起きていることに気がついて溜め息をついた。残念なことに、私はついに氏に直接お会いする機会に恵まれることはなかった。しかし、後に私が釣りを始め、二二歳の若さで結婚して子供を作り、氏いわく「小さな説を売る職業」に足を踏み入れたのもすべては氏の影響であったことは否定できない。

氏の創作とはまったく違う意味で心をときめかせたのが、一連の釣り紀行文である。その中で、決定的ともいえる衝撃を受けた一冊があった。一九七八年に刊行された『オーパ!』(集英社刊)である。

これはアマゾンの河口の町ベレンを皮切りにパンタナールの大湿原に至るまで、ある時は船に乗り、またある時は車にゆられながら、釣り竿を片手にブラジル全土を釣りまくるという壮大無比な釣り紀行文であった。氏はその文中でアマゾンの偉大さに圧倒され、ピラーニャの歯に言葉を失い、ツクナレ(ピーコックバス)の乱舞に歓喜し、カランゲージョを頬張ってうめき、ドラードの輝きに狂喜する。ありとあらゆる場面で「オーパ!」と声を上げる。

これは、効いた。頭の中で奇妙な音がしてスイッチが入り、それまで錆《さび》ついていたどこかの回線に電気が流れ始めた。世界には、こんな場所もある。同じ日本人でありながら、こんな生き方をしている人もいる。以来、アマゾンは、私の人生における最大の夢であると同時に、逃れることのできない義務となった。

しかし、この『オーパ！』は、開高氏にとって精神的な意味において、未完の作品ではなかったのか。釣り師開高健は二ヵ月に及ぶ旅を通し、当初に計画したすべての魚種についてほぼ満足のいく釣果を上げている。ところがたった一種だけ、氏が旅の最大の目標に掲げながらもついに釣ることのできない魚があった。それがリオ・アマゾンの帝王と呼ばれる巨大魚、ピラルクーである。

ピラルクーは約一億年前の地殻変動でアマゾンに閉じ込められ、淡水に適応し、その後一切の変化、進化を拒否しつつ悠久の時の流れを超越した生きた化石である。学名は、アラパイマ・ギガス(Arapaima gigas)。種族としては同じ南米のアロワンナやターポン、もしくはイワシやニシンに近いイソスポンディルスに属する。

ピラルクーのピラはインディオの言葉で魚。ルクーは幹の赤い樹種の名である。直訳すると、「赤い木の魚」という意味になる。

魚体は丸くて長く、その名のごとく丸太そのものである。全身がぶ厚く頑丈な鱗の甲冑に覆われていて、この鱗は大きなものになると直径一〇センチにも達し、天日に干すと表面がザラザラとしてヤスリのようになる。インディオはこれで矢を研ぎ、町ではボニータが爪を磨く。頭は小さくて、平たく、これも石のように堅い。幅の広い口の中には骨で補強された舌があって、これも干してガラナやマンジョーカ芋を粉にする下ろし金として使われる。特にガラナは、ピラルクーの舌で下ろさないと効き目も半減するのだと信じられている。

ピラルクーはヴァルゼアやラーゴのように水の流れが少なく、比較的浅い水草の繁茂した水域を好む。甲殻類や魚類を主食とするプレデター（捕食者）で、時には水鳥や、アマゾンの殺し屋として名高いピラーニャすら餌食にする。成長した個体は、紛れもなくアマゾン水系の食物連鎖の頂点に君臨する帝王である。アマゾン流域のブラジルからペルーにかけて広く生息するが、近年お決まりの開発、森林伐採、乱獲などがたたり、次第にその数は減少しつつある。

『オーパ！』の冒頭の一節の中に、次のような一文がある。

「（前略）～ヒマラヤも征服されたし、月旅行も実現されたけれど、ピラルクーは釣られていないんですよ、あなた」（集英社『オーパ！』より）

実際にピラルクーは、大型の淡水魚としては異例ともいえるほど、歴史上まったくといっていいくらい釣られた記録が残されていない。一九七五年にはこれも釣り師として世界に名を知られたフィンランドのケッコーネン大統領（当時）がこれに挑み、アマゾン支流のアラグアイ川流域で五日間粘ったにもかかわらず、一匹も釣ることができなかった。開高氏はその二年後にケッコーネン大統領と同じ道具（リールはトローリング用のセネター、ラインはダクロンの二〇〇ポンドと思われる）を揃えてアマゾンに乗り込むが、結局ペスカドールが銛《もり》で突いてきたピラルクーを散見するに止まり、帰国の途についている。その後も何回か南米に足を運び、情報の収集に努めながら機会をうかがうが、生涯目標が達成されることはなかった。さらに『オーパ！』でコーディネーターとして活躍したブラジル在住の作家・醍醐麻沙夫《だいごまさお》氏、同じ日本人としては週刊釣りサンデー社長の小西和人氏をはじめ、国内外の有名無名の釣り師が数限りなくピラルクーに挑んできたが、ことごとくアマゾンの大自然に翻弄され敗退につぐ敗退を重ねてきた。

一九九〇年頃にはペルーのイキトス近郊で日系二世の釣り師が一人、九五年にはブラジルのマナオス近郊のウォトマン川流域で一人、さらに同じ頃にアラグアイ川でも一人、ツクナレを釣っていて偶発的にピラルクーが釣れたという記録が残されている。しかしこれは、いずれも「釣れてしまった」のであって、ピラルクーを狙って「釣った」わけではない。二一世紀の今日に至るまで、竿とリールによってピラルクーを釣ったという記録は、ほぼ皆無に等しい。

ピラルクーが釣れない理由に関しては、これも有名無名の先達たちが明けても暮れても議論を展開してきた。ピラルクーがきわめて用心深い魚であること。食性、行動、その他古代魚ならではの生態に関する様々な謎。アマゾンの自然の驚異。たとえば開高氏やケッコーネン大統領がそうであったように、餌を投げても一瞬のうちにピラーニャの猛攻によってボロボロにされてしまうことなど。もしくは人間側の理由として、ピラルクーに適したルアー、リール、ロッドなどが存在しないなどなど。これらの理論、理屈をもし一堂に会することができれば、『ピラルクー釣りに関する考察』と題した哲学書が完成するものと思われる。そして、その議論の末に、必ず帰結するのが個体数の減少である。しかしアマゾン流域では、ピラルクーの肉は庶民のごく一般的な食材として、いまも市場に流通している。レストランでも、家庭の食卓でもけっして特別な存在ではない。数は確かに減少しているのだろうが、絶滅が危惧されるほど少ないわけではない。いずれにしても、ピラルクーが釣りにくい魚であることの説明にはなっているが、「釣れない魚」であることの理由にはなっていない。

興味深いのは、ピラルクー専門のペスカドールたちもまた、「あれは釣れる魚ではない」と口を揃えていうことである。

ピラルクーは、浮きの一部が進化して、肺の役割をはたしている。そのために一〇分か二〇分に一度、水面に浮上して空気呼吸を行う。その時、カラのバケツを水にかぶせたような大きな音がして、青銅を磨き上げたような魚体の一部が水面に見えることもある。その光景はアマゾンに突如としてノーチラス号が浮上したかのように壮観である。

しかもピラルクーには、なぜか呼吸をする場所が決まっているという奇妙な習性がある。一度水面に顔を出すと、何回目かに必ず同じ魚がそこに戻ってくると信じられている。そこでペスカドールたちは呼吸音が聞こえると、その場所にカノアで忍び寄り、銛や矢をかまえたまま何時間でも待ち続ける。その姿は水面に建てられた彫像のようである。なにしろ一匹モノにすれば一週間は遊んで暮らせるほどの肉が手に入るのだから、ペスカドールたちはありとあらゆる手を使って仕留めにかかる。時には網《あみ》や延縄《はえなわ》を仕掛けることもある。銃で撃つこともある。しかし、けっして竿と糸を使って釣ろうとはしない。彼らにとってピラルクー漁はあくまでもハンティングであり、フィッシングではないのである。

私はこのピラルクーを釣るために、十数年も前に道具一式を買い揃えてしまい込んであった。しかし、この途方もなく難解な魚を真剣に釣ろうと考えていたのかとなると、自分でも確証はなかった。あえていうならば、夢を買ったにすぎなかったのかもしれない。夢は人生の目標であると同時に、どこかに「所詮《しょせん》は実現しないもの」というあきらめの意味をも含み、その甘えが許される寛大な言葉である。以後私は細々とではあるがピラルクーについての研究を重ね、アマゾンに出掛けた折には地元のガイドやペスカドールにことあるごとに訊ねて回ったが、ひらめくような情報にはついに出会わなかった。

ところがである。二〇〇一年が明けて間もない頃だったか、とんでもない話が舞い込んできた。情報の主はまたしてもツニブラトラベルの逸見薫氏である。この会社は一見堅気の旅行代理店を装《よそお》いながら、実情は本業をそっちのけでアマゾンの珍魚怪魚巨大魚に執心する釣り師の巣窟《そうくつ》である。逸見氏はその影の大隊長といったところ。当時私と逸見氏は家が近いこともあって、夜な夜な最寄りの駅の提灯横町をぶらつきつつ、時化《しけ》た飲み屋で肩を並べてはやれツクナレだのやれドラードだのと次なる釣行に向けて悪知恵を絞ることに熱中していた。しかしその夜だけは逸見氏はいつになくそわそわし、どこか得意気に、またどこか不安気な表情を隠しきれず、なにやらあらたまった口調で切り出した。

「リオの支社からの情報なんですがね。昨年の一一月、ベレンの近くで、ピラルクーが釣れたらしいんです……」

「ほう。ま、よくある話ですな」

「しかし、今度のは本物かもしれない。写真があるんですよ。それに一匹じゃない。

何匹か続けて釣れてるんです」

だいたいピラルクーが釣れた、釣れるという噂はアマゾンに定期的に流れる年中行事のようなもので、けっして例外的なものではない。しかしこれは競馬関係者おすみつきの万馬券の予想とか某政治家銘柄の株情報と同じようなもので、誰かが飛びつく反面、必ずだまされる結末になっている。情報をもちかけた逸見氏すら、これを信じていいものかどうか判断しかねている様子だった。

しかし、場所がアマゾン河口のメシアナ島と聞いて、ピンときた。世界の淡水の五分の一が集結するといわれるその広大な水域には、名も知られていないような小さな島が無数に散らばっている。その中には、島を丸ごと個人が専有している例もけっして少なくはない。

そのような島には、情報と呼べるものは何もなく、外部の漁師も立ち入らない。住民も、自然も、動物も、魚も、すべてがタイムカプセルのように外部から隔絶されている。アマゾンには二一世紀の現在もドクターモローの島が存在するのである。私もかなり以前から、もしピラルクーが釣れる可能性があるとすれば、それはアマゾン流域のどこかの島以外には有り得ないのではないか。そう考えていた。

「本当に釣れるんでしょうか」

「どうですかね。なにしろ話の発信元がアマゾンですから。当然といえば当然ですが……」

「虎穴に入らずんば虎児を得ず、ともいいますね」

「君子危きに近寄らず、か」

「ならば、釣り師はいかにすべきか……」

ともかく、ピラルクーが釣れるということはアマゾンでも大変なことなのである。もし我々がメシアナ島に出向き、万が一釣れてしまったとしたら、おそらく世界でも一〇番目以内。日本人としてはもちろん初の事例となる。

日本人初か。心地よい響きではあるな。

よし、やってやろうじゃないか。メシアナ島とやらに乗り込んでやろうじゃないか。アマゾンのホラ話にだまされるなら、だまされてやろうじゃないか。

そうと決まれば、早い者勝ちである。その頃私たちは、六月にアマゾン支流のクルル・アスー川に釣行する予定があった。ここは現地の釣り師の間でパライゾ（天国）として知られる水域で、ツクナレや巨大ナマズを始め計二〇種もの魚が入れ喰いになるというアマゾン屈指の好ポイントである。ならば、その帰りにちょこっとメシアナ島に寄ってしまおう。巨大ナマズを釣り上げたついでに返す刀でピラルクーもやっつけてやろう。焼酎のボトルを二人で一本空にしたいきおいで、とんとん拍子で話は進み、いつの間にかそんなことになってしまった。

史上最大の作戦決行の一ヵ月前の五月、情報の発信元であるツニブラトラベルのリオ支社から、同社の釣り部隊の中内理文君を現地に斥候として送り込むことに成功する。

「ピラルクーがいるかどうか、確かめてきます。竿は一応持っていきますが、見るだけです。日本人初の栄誉は、柴田さんのために残しておきますよ」

そんな約束を残し、いそいそとメシアナ島に出掛けていった。

はたしてその結果は、驚くべきものだった。約束はあっさりと裏切られ、実釣四日で計六四、中内君は餌でもルアーでもピラルクーを釣りまくった。すべて一五キロから二〇キロと小型ではあるが、送られてきた写真に写っていたものはまぎれもなくピラルクーであった。

運命は、坂をころがり始めた。

ジェゴ・ボーン軍曹。
起床ラッパの達人。

一億余年の奇跡

二日目、六月二五日――。

夜明け前にジェゴ・ボーンの起床ラッパにたたき起こされる。ラッパとはいっても金属の楽器ではなく、肉声である。しかしその軍隊式の起床ラッパの音色があまりにも見事なので、誰からともなくジェゴ軍曹の名で呼ぶようになった。

現在、メシアナ島の宿泊施設は、マラジョパーク・リゾートホテル・ファセンダ一軒だけである。これはよくあるような釣り客を泊めるだけの木賃宿ではなく、アメリカやヨーロッパからのエコ・ツーリズムを受け入れる快適な施設で、アマゾンの孤島に忽然《こつぜん》と浮上した文明のオアシスである。ジェゴ軍曹はこのホテルのすべてを取りしきる総支配人を務めている。

性格は豪放かつ快活。人なつっこい大きな目をくりくりと動かし、その胃袋にピラルクーを丸ごと一匹呑み込んだような巨体をゆさぶりながら、休む間もなくメシアナ島を走り回る。メシアナ島で唯一の英語の使い手なので、私が現地の情報を直接手に入れようと思ったらジェゴ軍曹に頼るしかない。

アルゼンチン生まれのスイス人だが、過去に様々な事情があっていずれの国にも住めなくなり、アマゾンまで流れてきたと聞かされた。

今回このホテル・ファセンダには、我々一行の計九名がそれぞれにエアコン付きの個室を与えられて宿泊している。日本からは私の他に前述のツニブラトラベルの逸見氏。特別参加の長谷川淳君。そのザリガニ同盟の過去にアマゾンで決着をつけるために、会社をクビになる覚悟で隊員として参加した。さらに、いつものようにフォトグラファーの役を務める残間正之氏。彼は写真家でありながらある時には釣り文学の作家でもあり、またある時にはペルーの遺跡調査団に参加するという謎の経歴の持ち主。釣り師としてはフライロッドを片手に世界六〇カ国で怪魚珍魚と渡り合い、私とも延べ五カ国を共に釣り歩いた仲である。その他ツニブラトラベルのリオ支社からはピラルクーのエキスパートとして中内君、さらに吉ドンこと吉田武氏の二名。地元ベレンのフィッシング・コーディネート会社、ペスカ・アマゾンからはネルソン・ラジェ、日系のヘリクレス・ホリグチの二名。またベレンの日本人会代表として北島義弘氏がこれに加わった。たった一匹の魚を釣るために、なんとも大袈裟なことになってしまった。

ジェゴ軍曹の掛け声にせき立てられ、全員が眠い目をこすりながら食堂に向かい、焼きたてのパンとハムの朝食をコーヒーで流し込む。その後ピックアップに釣り具をほうり込み、一行はバンに詰め込まれて船着き場に向かう。誰かがあくびをすると、とたんに車内に酒臭さが充満するのはお決まりの朝の儀式である。

朝七時、四艇のアルミのボートに分乗して出船。メンバーはその日ごとにシャッフルして決めるルールだが、前日のあだ討ちということもあって、この日も私はネルソンと組むことになった。

ボートは本流から狭いカナウに入り、ジャングルを抜け、ヴァルゼアに向かう。周囲の風景が開け、エロイがスロットルを回すと、トゥユユやその他の水鳥の群れがいっせいに舞い上がり、ジャカレが水の中に飛び込んで逃げる。ラーゴではバッファローが腰まで水につかり、物憂気な表情で水草を食んでいる。もし昔ながらの手こぎのカノアで静かにヴァルゼアを行けば、このメシアナ島では有史以前と同じ無垢の自然を見ることができるだろう。

一投目。前日にアタリのあったカナウの合流地点に入り、餌のタライラを流す。この日の夜半にも、やはり雨が降った。しかし雨はごく短時間で上がり、水位は前日よりも確実に下がり始めている。カナウの水面で、ムラサキホテイの中で、いたるところからピラルクーの呼吸音が聞こえてくる。時には挑発するように巨体を浮上させ、尾や腹の周辺の鱗の赤い部分まで見えることもあり、息を呑まされる。

情況は進展した。道具は完璧だ。餌のタライラも新鮮だ。しかし、アマゾンは、寡黙なまでに沈黙を守り続ける。

普通、アマゾンの水域で生き餌を流していれば、ごく短時間のうちに何かが起こる。ピラルクーではないにしてもツクナレがちょっかいを出したり、アロワンナが寄ってきたり、スルビン（大ナマズ）が呑み込んだり。いや、その前に、必ずピラーニャの洗礼があるはずなのだが……。

ピラーニャは、いわずと知れたアマゾンの殺し屋である。水さえあれば、どこにでもいるといわれる影の支配者である。その群れに襲われれば、人間ならば三分、牛一頭でも数分もあれば骨だけにされるというギャングでもある。釣った魚をボートに上

これが本当の「カウボーイ」である。
水牛に乗って釣り場へと向かう。

げるまでのわずかな時間にひと嚙みやられるという経験を、私はアマゾンのいたる場所で、幾度となく味わわされてきた。ところがメシアナ島のヴァルゼアには、ピラーニャの影もない。

実はメシアナ島にも、ピラーニャはいないわけではない。これはピラーニャ・ベルメーニョ(赤ピラニア)と呼ばれる種類で、小型だがきわめて獰猛かつ貪欲。アマゾンのピラーニャによる伝説の大半はこのベルメーニョによるものとすらいわれる小さな悪魔である。実際に地元のペスカドールはどこからか釣ってくるし、浅瀬で網を打てばその中に入ることもある。水位が引けば一部の水域に集まり、人や牛が襲われることもあるという。ところがこの時季、同じ餌を一時間流していても、たった一口すらやられたことがなかった。これはアマゾンを多少でも知る者にとっては、ほっぺたをつねりたくなるような異常な事態なのだ。

まだ水位が高いために、広範囲な水域に散っているのか。元々、数が少ないのか。それとも、帝王ピラルクーに恐れをなしているのか……。

もしたまに餌取りにでもやられれば、それはそれで退屈しのぎになってくれる。もしルアー釣りならあれこれとルアーを換えてみたり、場所を動いてみたりといろいろやることもある。ところが一点ウキを見つめるだけという餌釣りは、わずかな情報から相手の手を読むポーカーと同じ心理ゲームなので、何かしらの反応がないとこちらも動くに動けなくなってしまう。ひたすらに我慢との戦いになる。

ピラルクーは、ルアーでも釣れる。しかし今回に限っては、私は餌釣りに徹底することに決めた。理由のひとつは、確率である。少なくともメシアナ島の前例を見る限り――とはいってもその前例が心細くなるほど少ないのだが――餌釣りの方がより多くのピラルクーが釣れている。もちろんヴァサンテ（減水期）が進み、八月か九月になって水位が下がり、魚が一ヵ所に集まればルアーでいくらでも釣れるだろう。しかし六月のこの時期は、まだ水が引ききっておらず、魚は散ってしまっている。そうなれば視覚だけではなく嗅覚にも訴えることができる餌釣りの方が有利であると判断した。しかも記録的な大物は――これも前例はほとんどないのだが――ほとんどが餌釣りによるものなのだ。ピラルクーは、世界最大の有鱗淡水魚であるのだから、大きくなければ意味はない。

もうひとつは、やはり先達の影響である。開高健氏もやはりルアー・フィッシングの信奉者でありながら、このピラルクーに対してのみは餌釣りによって挑むことを潔しとした。ケッコーネン大統領も、醍醐氏もそうだった。彼らはすべからく、餌釣りによってピラルクーに挑んできたという過去のいきさつがある。

元来、私の思考の中にも、ごく限られた大物釣りに関しては餌釣りによって行われるべきという観念があった。文豪ヘミングウェイの著作、『老人と海』のサンチャゴ老にその美学の神髄を学ぶことができる。老人は何日も獲物に恵まれない日々を耐え抜き、危険を覚悟で遠出をし、なけなしの餌を潮に流しながら黙然と待ち続ける。その中で少しずつ、だが確実に、精神を研ぎすましていく。これは試合を前にした剣豪が、仏門を頼り、座禅を組むことによって悟道を開こうとする行為にも通ずるところがある。ひとつの儀式、といってもいい。確かに釣りをスポーツとしてとらえ、魚をゲームと割り切るのであれば、ルアーやフライといった疑似鉤こそが人と魚との間に介在する道具として最もフェアであるとする論判には一理あることを認めなくてはならない。しかし、ピラルクーを釣ることは、スポーツでもなければゲームでもない。過去から現在に至るまで、いずれかの道で名を成した男たちが、夢と意地を賭け、時には人生そのものすら顧みることなく挑み続けてきた〝勝負〟ではなかったのか。

来た！

ウキが消し込まれた。

それまでの雑念が瞬時に蒸発する。ＡＢＵ七〇〇〇番を取り付けたマスキー・ロッドのコルクグリップに力をこめる。ピラルクーは、きわめて警戒心の強い魚である。

だからこそ一億年もの間、姿を変えることなく生き続けることができた。

餌をくわえても、すぐには呑み込まない。早く合わせても、その鋼のような上顎には鉤は刺さらない。私には、すでに苦い経験がある。同じ失敗は、二度と繰り返さない。

待つ。十分に、送り込む。

やがてラインが水面に張り、リールのギアが音を立て始めても、まだだ。数を数える。心の目で、水面下を探る。〝奴〟はいま、どこにいるのか。どちらを向いているのか。餌をくわえているのか。それとも、呑み込もうとしているのか。

ギアの音が、次第に風雲急を告げる。ラインが、横に疾る。

今だ。力まかせにロッドを立てた。確かな手応えがあった。

その時、予期せぬことが起こった。カナウの中央で水面が割れ、金属質の色彩を放つ巨大な魚体が轟音と共に、宙を飛んだ……。

私は一気に覚醒した。しかし、冷静さを失わず、大胆であることも忘れなかった。

敵は一度飛んだ後はそれが無駄であることを悟り、ひたすらに水底に突進する作戦に出た。その力を、一〇〇ポンドのライン、それに合わせて絞め込まれたドラグ、強靭なマスキー用のロッドで受け止める。私はそのすべてを力でねじ伏せた。

水面に顔が出たところで勝負は決まった。鉛色の甲冑に、真紅の飾りをあしらった魚体がゆらめきながらボートに寄ってくる。私はその大きさに感嘆すると同時に、一億余年の時の流れの中で磨かれた佳麗さに足元が震えた。

ネルソンが用心深く下顎にギャフを入れ、私がその横を大型のペンチではさみ、ウーノ、セーノと掛け声を上げてボートの中に引き上げる。メジャーをあてると体長は一メートル三二センチ、体重は二五キロあった。まだ若い。ネルソンは、おそらく牝だという。その一点の曇りもないアマゾンの豊饒の象徴が足元に横たわる光景は、私にとって夢の中の出来事のようであり、また奇跡を見る思いでもあった。

ピラルクーは、まるで眠っているかのように私の腕の中に抱かれた。その感触は、いままで、少なくとも他の魚を釣った時には一度も味わったことのない不思議なものだった。なめらかで、心地よく、そして温かい。確かに、体温に似たものを感じたのだ。魚ではなく、もっと自分に近い存在。かといって、哺乳類とも爬虫類とも違う。あえていうならば、〝人魚〟だろうか。

開高氏は『オーパ！』の中で、ピラルクーだけは一頭、二頭という記述を一部分に用いている。私はそれを、実際にピラルクーを抱くまでは、単なる大きさに対する譬喩《たとえ》であると理解して疑問を持ったことはなかった。だが、もしかしたら開高氏は自

1.3メートルの小さな？ピラルクー。
〝人魚〟を抱いたような気分。

分で釣り上げるまでもなく、ピラルクーという魚の本質を見抜いていたのではなかったのか。

錯覚であろうと思う。ピラルクーの目に、涙が光ったような気がした。私は胸に楔《くさび》を打ち込まれたかのような痛みを覚え、同時に夢から現実に引き戻された。この魚が少なくとも世界で一〇番目以内の記録であるとか、ブラジル在住者以外では日本人初の快挙であるとか、そのようなことはどうでもよくなってしまっていた。それよりも、一刻も早く、自らの胸の痛みから逃れたいという衝動に駆られた。

私は新生児を産湯につけるように細心の注意を払いながら、人魚を水面に浮かべた。眠りから覚めた彼女は馴れ親しんだアマゾンの抱擁の中で、なぜか戸惑っているかのように見えた。だが、しばらくすると、ぎこちなく、それでいて力強く体をくねらせながら私の腕を離れて水の中に消えた。

人は二〇年来の目標を達成した時に、何を想うものなのか。私はネルソンとエロイの祝福を遠くに聞きながら、もう一人の自分はピラルクーの消えた水面を漠然と眺め、いまこの時が人生における一方の頂点であることを理解し納得しようと懸命になっていた。

なぜか釈然としないものが心に残った。確かに私はピラルクーを釣った。開高氏も、ケッコーネン大統領も手に入れることのできなかった栄光を、この腕に抱いた。それはまぎれもない現実だった。奇跡は起きたのだ。

しかし——。

私の釣った魚は〝種〟としてのピラルクーであっても、本当の意味で、世界最大の有鱗淡水魚ピラルクーと言えるのだろうか。アマゾンの帝王ピラルクーと言えるのだろうか。私の追い求めてきたピラルクーは、その大きさにおいて、理屈抜きに圧倒されるべきものではなかったのか。

私はビールの缶を開け、それを一息で飲み干し、もう一度ロッドを握った。

戦士の休息

　メシアナ島のヴァルゼアの真ん中に、ぽつんと、一軒のカーサ（家）が建っている。カナウに面した沼地に直接柱を打ち込んだ高床式の小屋だが、中は一〇人ほどが寝泊まりできるほどの広さがあり、長い桟橋をかねたシェスタ（昼寝）にもってこいのポーチと、日光浴には十分な広いデッキがついている。ポーチの上に座りカナウの水面をぼんやりと眺めていると、あちらこちらからピラルクーの呼吸音が聞こえ、時にはすぐ足元に丸太のような魚体が浮かび上がってくることもある。デッキに横になって空を見上げれば、アララや、トゥユユや、その他の猛禽類や水鳥の群れなどが次々と視界をかすめていき、飽きることがない。

　このカーサには、道がない。四方のすべてを、カナウやラーゴの水面に囲まれている。もしここを訪れようとするならば、船着き場からボートに乗り、カナウをたどりながら行くことになる。

　カーサはホテル・ファセンダの持ち物で、普段はエコ・ツーリズムのゲストのための体験宿泊施設として使われているが、今回は我々ピラルクー・フィッシャーメンの前哨基地として開放されることになった。午前中の釣りが一区切りつくと、ヴァルゼアに散っていた仲間たちがどこからともなく集まってきて、シュラスコの昼食を楽しむというのが日課である。シュラスコとは牛肉の固まりに串を刺し、炭で焼いたブラジル風のバーベキューである。この串をウェイターが持ってテーブルを回り、表面の、よく焼けた部分だけを皿の上に切り落としてくれるのを待つ。味は岩塩と胡椒だけだが、それが肉を味わうためのベストソースであることはいまさら論じるまでもない。好みによってライムを絞ってみたり、メピンタ（オイルに唐辛子を漬けたもの）を使うのも悪くない手法である。町場のシュラスカリア（シュラスコ専門のレストラン）に行くとコラソン（心臓）やらクッピン（コブ牛のコブ）やら様々な味が楽しめるが、メシアナ島のメニューは牛のロースかバッファローのリブのみである。しかし、これがまた、野趣があって悪くない。

ボートがカーサに集まると、それまでの船頭衆がたちどころにシェフに早変わりしてテキパキと、しかしどこかおっとりとした風情で昼食の支度に掛かる。肉が焼けるまでに小一時間ほど待たなければならないので、我々フィッシャーメンは漁師が獲ってきた川エビを肴に、黙々とビールの空き缶を製造する作業に没頭しつつ、ピラルクー談義にふけりながらぐうたらを決め込む。

アマゾンの精霊。
クルピーラの使者。

カランゲージョを食べる。
カニは豊饒な泥の中に棲むほど肉が美味くなる。

「おれはどうも女と相性が悪いんだ」

「今日は三回アタリがあった。みんな牝だな。おれはどうも女と相性が悪いんだ」

「おれはルアーで一匹掛けたぜ。カナウのど真ん中で、ガツンときたんだ。ラインを切られちゃったけどな。一・五メートルはあった。本当に、そのくらいあったんだ」

「魚は釣らなきゃ意味ないですよ。私は釣りました。一・二メートル、一七キロっていうところですけどね、ま、クジラよりは小さいですけど」

そんなたわいもない話に熱中しながら、ビールの空き缶が次々とデッキに並んでいく。時間は悠々とまどろむ。アマゾンでは、いつもそうだ。ほんの一瞬の、特別な場合をのぞいては。

ところで。

ピラルクーが世界最大の有鱗淡水魚であることは動かし難い事実なのだが、いったいその大きさは最大でどのくらいにまで成長するのだろうか。実はこの記録に関しても所説様々で、明らかに誇張されていると思われるものが多く、どれを信用していいものやら皆目判断しかねるというのが現状である。だいたいアマゾンでは何事においても話が大きくなりすぎる傾向があり、人のことをかつぐことをサカナージンなどといってひとつの文化として定着する土地柄である。しかしその中には信じられないような実話も含まれていて、すべてを一笑に付すわけにもいかず、始末に悪いことこの上ない。たとえば牛を呑み込んだ全長二〇メートルのアナコンダの話。体重が一トンもある巨大なナマケモノの話。ブタよりも大きなネズミが群れを成してジャングルの中を徘徊しているという話。この中でどれが実話なのか、わかりますか？　そこにピラルクーという格好の題材が棲んでいるのだから、話を大袈裟にするなという方が無理である。

ちなみに開高氏は『オーパ！』の中に、「非常に成長の速い魚で、最大は身長が四・五メートルから五メートルになり、体重は二百キロに達する」と書いている。しかし、この数字は、開高氏が読者を楽しませるために用いたユーモアの産物であると解釈しておく必要がある。体長があまりにも大きすぎることに加え、体重とのバランスがどうもちぐはぐである。もし仮に体長五メートルのピラルクーが存在したら、その体形から推察するに、体重は最低でも五〇〇キロを上回っていなくてはならない。

かの有名なギネスブックにも、これと似たりよったりの記録が記載されている。ポール・ファウンテンという人物がリオ・ネグロ州で捕獲したピラルクーは二八五キロあったという。また自然科学者のションバーグが一八三六年に、同じリオ・ネグロの現住民から体長四・五七メートル、体重一八一キロのピラルクーを捕えた話を聞いた、ともある。しかしギネスブック自身、これらの報告例は、「信用するには大きすぎる記録」であることを認めている。さらにギネスブックは、信用に価する報告例として、前述のションバーグ本人が採集した体長二・四六メートルと二・一三メートルの個体、さらに一九四七年にエドワード・マックタークが捕えた体長二・一二メートル、体重九二キロの個体を取り上げている。

私の知る限りで最大のピラルクーは、一九九二年にメシアナ島で延縄に掛かった二・七メートルの個体である。ホテルの支配人のジェゴの話によると、これはヴァルゼアではなく、島の東部に流れる川とアマゾン本流との合流地点で捕獲されたもので、体重はなんと一四二キロもあったという。この記録はジェゴの人柄、またそのピラルクーの皮の一部が鱗と共に残っていることから考えて、十分に信用できるものである。またアマゾン各地をフィッシングガイドとして旅をしているネルソンは、サンタレンの近くで二・五メートル近いピラルクーを見ている。これは地元のペスカドールが仕留めたもので、当時では現地でも新聞に載るなど話題になるほどだったという。しかし、ピラルクーと最も近い環境で生活するジェゴにしても、ネルソンにしても、それ以外では二メートルを超すピラルクーはほとんど見たことはないという。

以上のことから推察する限り、ピラルクーは通常二メートル以内。ごくまれに二メートルを超す個体があり、最大では二・七メートル前後。三メートルを超すことは絶対にとはいえないまでも、まず有り得ないといったところだろうか。

それにしても、二・七メートルである。一四二キロである。そんな巨大な魚が、海にではなく、淡水に棲んでいるのである。あらためて、アマゾンは偉大なりき、か。

単に大きさだけでもこれだけのホラ話を生み出すほどの魚なのだから、ピラルクーにまつわる伝説となると枚挙に暇がない。中には一人のペスカドールが、ピラルクーの背に乗ってアマゾンの水底の村に連れていかれ、そこでドンチャン騒ぎをしている間に年をとってしまった、というような話まである。これなどは日本人が聞けば浦島太郎だとピンとくるのだが、はたして日系移民が持ち込んだものなのか。それともそれ以前からある話なのか。有史以前の氷河期にはアジアと北米大陸は現在のカムチャッカ半島あたりでつながっていて、我々の祖先が南米にまで移り住んでインディオとなったことはもはや暗黙の了解である。アメリカ大陸を発見したのはコロンブスではなく、我々アジア人の祖先である。

ちょっと艶っぽいものもひとつ。これはあるテレビ関係者の友人から聞いた話だが、事の内容から本人の名誉にかかわる恐れがあるため、名は伏せておくこととしたい。以下は、その友人――仮にA君としよう――の話を記憶を頼りに書きとめておくものである。

アマゾンの奥地のあるインディオの村には、いまも奇習が残っている。年に一度、満月の夜に、村の独身の若者が森に集まって集団見合いを行う。問題はその方法で、女は素裸。男は褌一丁。素裸の女たちが森の中を逃げまどい、男衆がそれを追いかける。その際に重要な役割をはたすのがピラルクーである。女たちは素裸の上に、ピラルクーの鱗で作られた首飾りだとか、腰飾りだとか、腕輪だとかを身につけている。飾りに使われる鱗はピラルクーの尾に近い赤い部分と決められていて、これが満月の月光を受けて光り、男衆はそれを目当てに追いかけ、お目当てのボニータ（美女）を押し倒して思いを遂げるのである。かくして数週間後には村のあちこちで結婚式が行われ、一年後には新しい命の産声で満たされることになる。

ちなみにA君は若い頃にその村を訪れ、村の長老の強い勧めもあり、断るわけにもいかず（本当かね）、余興と割り切ってこの奇習に参加したことがあったそうである。

「まさか本当に押し倒したりしたんじゃないだろうな」

「そんなことするか。余興だよ。余興……」

「じゃあ、何もなかったのか」

「いや、実は……。逆に女たちに追いかけられて……。寄ってたかって……」

そこまでいうとA君は急に言葉の歯切れが悪くなり、大きな溜め息をつき、目がうつろになり始めて、そのうち貝のように口をつぐんでしまった。

この話をカーサでシェラスコのランチ中に同行の長谷川君にもちかけてみると、思いもよらず興味をそそられたようで、肉を口に運ぶ手を休めて体を乗り出してきた。

「もしピラルクーが捕れなくなったら大変ですね。子供が生まれなくなって、その村も消滅しちゃうかもしれない」

「まさか」

「それにピラルクーの舌がなくなったら、ガラナを粉にできなくなる。そうなると、ブラジル全体の人口も減少しちゃうことになる」

「そんな」

「そう考えると、ピラルクーって大切な魚なんだな」

「まあね」

「ところでその村、どこにあるのかわかりませんかね」

「……」

ちなみに長谷川君は、独身である。

約二時間という優雅かつ充実したランチとシェスタを終えて、釣り師御一行様は満たされた腹をさすりながらボートに分乗し、ふたたびヴァルゼアへと散っていく。誰一人として焦るのでもなく。慌てるでもなく。おっとりと、王侯貴族のように上品かつおだやかな表情を浮かべながら。もしこれが日本での釣りだったらとたわいもないことを想像すると、思わず口元を手で隠して小さく笑いたくなってしまう。日本では釣り船に乗ったら朝から晩まで釣って釣って釣りまくるのがルールである。他のことなど考えている暇はない。もし手を休めようものなら、他の釣り師から非難の目が集中し、裁判の被告人席に立たされたような気分になる。昼食も左手で竿を握ったまま右手で握り飯を口に運ぶというのが心得である。その時ウメボシだろうがシャケだろうがタラコだろうが気がつきもせずに呑み込むのが釣り師の美徳であるとされている。

しかしブラジルでは、目の前に二メートルのピラルクーが泳いでいようが、ツクナレの一〇ポンド級が跳ねようが、ゆったりとした風情でランチを楽しむのがマナーである。

「どうせ魚だって、昼寝をしているさ」

実はこれはブラジルに限ったことではなくて、アメリカでもオーストラリアでも程度の差こそあれ同じだった。どうも特殊なのは、日本人だけ、ということになる。以前、ブラジルのある釣り宿で、「ランチが長すぎる」といって怒りだした日本人の釣り客がいたそうである。日本人ももう少し、グローバルにならにゃいかん。

その日の午後、私はもう一匹ピラルクーを釣った。体長一・二メートル。体重一六・五キロ。もし日本で一メートル以上の魚が釣れれば即座に解体されて刺身にされるか、魚拓にとられるか、それとも剝製にされるかということになるが、ここはブラジルである。私はその小さなピラルクーを抱き上げると、束の間赤んぼうのようにあやし、「君もいつかアマゾンの帝王になるんだぞ」と言い聞かせて水に戻してやった。対岸から巨大なバッファローが、ぼんやりと草を食みながらそれを見ていた。

メシアナⅠ号の冒険

六月二六日、三日目——。

深夜二時。例のごとくジェゴ・ボーンの起床ラッパにたたき起こされて、パンをくわえたままジャカレ川の船着き場へと向かう。ジャカレ川、つまりワニの川という意味になる。これはホテル・ファセンダ周辺に広がるヴァルゼアとカナウの主流にあたる川で、南に下っていくとアマゾン本流につながる島の主要河川のひとつである。

船着き場にはメシアナⅠ号とメシアナⅡ号の二艘の平底船が停泊している。船はいずれもホテルの持ち物で、アマゾンの上流から下流へ、下流から上流へ、島から島への定期航路に酷使された老朽船で、現在は宿泊客のパーティーボートとして余生をおくっている。しかしよく整備されたディーゼルエンジンの巨大なピストンはいまも力強くバルブを圧縮し、平底の船体はアマゾンの流れにもまれても、浅瀬に乗り上げてもびくともしないようにできている。I号に我々ゲストと釣り道具一式、II号にインディオのスタッフ一同と大量の食料とビール、生活道具一式が分乗し、それぞれの船で三艘ずつのアルミのボートを曳きながら暗闇のジャングルの中を下っていく。

屋根の上に作られたデッキの上に座り、船のスポットライトの中に浮かぶ風景を眺めていると、いくつもの小さな光が一瞬の輝きを放っては闇の中に消えていく。すべてアマゾンの住人、野生動物の双眸である。水面で赤く光るのは、おそらくジャカレである。木の上で白く光るのは、おそらくガリバー（ホエザル）であろう。ジャングルの奥で青く光るのは、カピバラ（世界最大のネズミ）か、アンタ（バク）か、それともオンサ（ジャガー）だろうか。

しばらくするとライトに照らし出される陸地が遠くなり、波が高くなって船が大きく揺れ始め、アマゾン本流に出たことがわかった。ここから船は下流へ、東へと向かっていく。左手にメシアナ島があるはずなのだが、漆黒の闇の中で眠ったまま何も見

メシアナI号の雄姿。
古いが、頑丈な船。

えない。右手のはるか彼方にはぽつりぽつりと人家の明かりが見えるが、これはアマゾン流域最大の島マラジョ島である。はたしてここは海なのか。それとも川なのか。マラジョ島周辺は年に何回か、大潮の日に、ポロロッカと呼ばれる海水の大逆流現象が起こる場所としても知られている。

メシアナ島に入って二日間の釣行で、我々は予想以上の釣果を上げ、どこかで不安を覚えつつも一方で意気高揚を抑えることができなくなっていた。なにしろ一匹も釣れないかもしれない、釣れなくても当然と覚悟していたピラルクーが、ぽつぽつとではあるが現実に釣れているのである。こうなるともう天下を取ったような気分で、口々に大胆不敵なことをいいはじめる。

「ぼく、もう二匹も釣っちゃった。開高さんより釣り、うまいのかしら」

「フィンランドに行ったら、大統領になれるかもしれないぜ」

「それにしても、ピラルクーだ。一〇キロや二〇キロじゃ物足りん。どこかに一〇〇キロくらいの、おらんのかい」

「どうせなら、束釣りってのもやってみたいもんだな」

そこで。

ホテル・ファセンダ周辺のヴァルゼアはピラルクーに関する限り明らかに奇跡の土地であることは間違いないのだが、あえて栄光に背を向け、全員一致で茨の道を歩む決意を固め、新たなポイントを探そうということになった。しかし、問題は我々がまだアマゾンの広さを完全に把握してなかったことで、ポイントを変えるといっても車で少しばかり遠出をするというようなわけにはいかないのである。かくしてこの無謀な意見を真《ま》に受けたジェゴが持ち前のバイタリティーを発揮し、辣腕をふるい、パーティーボート二艘にゲスト、スタッフ総勢二十数名が分乗してアマゾン本流にまで進撃するという大作戦を決行することになってしまった。

ちなみに、ここまでの釣果《ちょうか》。

逸見氏はさすがにツニブラトラベルが誇るアマゾンのエキスパートだけあって、すでに二匹のピラルクーをモノにしている。しかもそのうちの一匹は、三〇キロ近い大物だった（そうだ）。実のところ、ここで白状してしまうけれど、在ブラジル以外の〝日本人初〟の快挙は、この逸見氏の手柄となってしまった。残念ではあるが、事実は事実。私はこの件についての敗北を真摯に受け止め、以後は大きさの記録によって巻き返しをはかることを誓う。

アマゾン初体験の長谷川君もビギナーズ・ラックを連発し、すでに二匹上げている。この人の釣りはザリガニ時代からそうなのだが、とにかくしぶとくて、今回も餌とルアーを臨機応変に使い分けて休む間もなく手を動かし続けている。その顔は、釣り師というよりもプロのペスカドールである。ぜひインディオの村で家庭を持つことをすすめたい。

その他、ネルソンがガイドの面目を保って二匹。私が二匹。北島氏が一匹。リオの中内君と残間キャパはまだ釣れていないが、いずれもルアーにこだわっての結果であるとのことである。ただし、この二人が餌をつけたロッドを握っているところを、私は何回か目撃しているのだが。以上、参考までに。

それにしてもなぜメシアナ島ではこれほど簡単に――過去の例から考えると確かに簡単だ――ピラルクーが釣れてしまうのだろうか。

二〇世紀の終わりに至るまで、世界じゅうの釣り師がありとあらゆる手をもって挑んだにもかかわらず、ピラルクーはまったくといっていいほど釣れなかった。偶然に「釣れてしまった」ことはあっても、「狙って釣った」という記録はほぼ皆無なのである。少なくとも、近年メシアナ島の存在が知られるまでは、ピラルクーは「釣ることのできない魚」であると誰もが信じていたのである。

ところがメシアナ島にホテル・ファセンダが開業して以来、わずか数年の間に、我々一行を含め計一〇人近くの人間がこの地でピラルクーを釣り上げている。もちろんこれだけの地の果てまで釣り竿をかついでやってくるくらいなのだから、それぞれが腕にひとつやふたつの覚えはあるのだろうが、それにしても釣れすぎている。ここのピラルクーは姿は同じでも実は違う種類なのではないか、などと勝手なことを推察する者もいる。

理由の一端は、やはりメシアナ島の隔絶された自然環境にあるのではあるまいか。メシアナ島の面積は約一〇万ヘクタール。そのうちの三分の一以上にあたる三・八万ヘクタールをホテルのオーナーでもあるルイス・レベロ氏が所有している。

レベロ氏はアマゾン流域の運航、ガソリン、クレジットカード、畜産からホテル経営までを取りしきるレイコン・グループの総帥である。しかし同時に、権力者としては珍しく、独自の自然哲学を駆使するナチュラリストとしてもその名を知られている。近年は自らの生まれ故郷であるアマゾン支流のシングー川流域に一六万ヘクタールというとてつもない広さの土地を購入し、その自然をサンクチュアリーとして永久保存する計画を実行に移している。

そのレベロ氏が、以前から注目していたのがアマゾンの象徴ともいえるピラルクーであった。特に自らが所有するメシアナ島には以前からピラルクーが多く、生息に適した自然条件が揃っていた。ここではポロロッカ（潮の逆流）が起きる。アマゾンの莫大な淡水と大西洋の豊饒がぶつかり合うことにより、そこに濃密な養分が発生し、様々なエビやカランゲージョ（泥ガニ）などの小動物が繁栄する。これがピラルクーの、特に幼魚期の旺盛な食欲を支えている。実際に私は、島内のヴァルゼアで、小型のピラルクーが水草に潜むカランゲージョを捕食する様子を何回か目撃している。

この自然条件に加え、レベロ氏は島民にピラルクーの保護を徹底するように厳命した。自分たちの最低限の食用として以外は、一切ピラルクーを捕ることも島外に売ることも禁止した。また島外からのペスカドールの侵入も、見張り小屋まで作って監視させた。島民とはいってもすべてレベロ氏の所有する牧場のガウショ（牧童）とその家族である。いわばレベロ氏は、メシアナ帝国のキングである。そのキングの意志は、世界の、どの国立公園のレギュレーションよりも、完全無欠に守り抜かれることになった。

もうひとつ、課題があった。ピラルクーという魚はなんともおっとりとした一面を持っていて、毎年ヴァサンテ（減水期）の終わり頃になると、ヴァルゼアから逃げ遅れたものが干上がった沼などで大量に死んでしまう。その数は、多い年には成魚だけでも数千匹という数になる。自然の摂理とはいえ、あまりの惨状に心を痛めたレベロ氏は、なんと莫大な私財を投じてヴァルゼアからジャカレ川に通じる何本もの水路を建設してしまった。

これを機に、ピラルクーは一気に増え始めた。すると、それまでの自然のバランスに少しずつ変化が見られるようになった。まず、ピラルクーの稚魚の天敵であったツクナレなどの肉食魚が、次々とメシアナ島のヴァルゼアから姿を消した。次に、アマゾンの水域ならば「水さえあればどこにでもいる」といわれるピラーニャまでが、ピラルクーに捕食されて数が減少し始めた。

実はこのピラーニャが、有史以来のピラルクー釣りを阻み続けてきた最大の要因であった。ピラルクーの生息地は、ほとんどがヴァルゼアである。このような流れの少ない浅場には、特にピラーニャが多い。ピラルクーを釣るために生き餌を仕掛けても、血の臭いを嗅ぎつけてピラーニャが集結し、ものの数秒で食べつくしてしまう。開高氏も、ケッコーネン大統領も、醍醐氏も、ピラルクーの釣れない理由のまず第一にピラーニャの猛攻を挙げている。

　ところがメシアナ島には、ピラーニャが少ない。もちろんヴァルゼアの減水が進めば一部の水域に集結し、人や水牛を襲ったりすることもあるのだが、六月のこの時期には影も形も見えない。我々はついに一度もピラーニャに餌を取られることはなかった。しかも逆に、ピラルクーの密度がきわめて濃い。現在広大なアマゾン水系の中で、メシアナ島でのみピラルクーが釣れるのは、様々な条件が偶然に重なり、神すらも成し得なかった絶妙なバランスが構築された結果なのである。

　早朝六時にメシアナI号とII号はアマゾン本流のうねりから逃れ、イガラッペ・フンド（深い小川の意味）の静かな河口に入った。河口から二〇〇メートルほど溯ったところに小さな支流がぶつかるところがあり、そこに巨大な倒木が沈んでいる。この場所で、八年前に、二・七メートルのピラルクーが捕れたのだとジェゴが教えてくれた。

　ジェゴによると、ルイス・レベロ氏がヴァルゼアに人工水路を建設して以来、ピラルクーの大型の個体はほとんどアマゾン本流に下ってしまったとのことである。ヴァルゼアに戻るのはエンシェンテ（増水期）の終わりの産卵期だけで、あとは単独でメシアナ島の周囲を回遊し、静かな河口を見つけて餌を捕食している。しかしメシアナ島周辺といってもあまりにも広大で、なにしろ船で三時間走り続けてもルイス氏の領地を出ないのだから唖然とするしかないのだが、ヴァルゼアを脱出したピラルクーがどこでどのように暮らしているのかについては誰にも何もわかっていない。この広いアマゾンで新しいピラルクーの生息地を探すなどということは、考えてみると、宝くじに当たるようなものだとあらためて思い知らされて全身から力が抜けてしまう。しかしここは、過去の実績を頼ってイガラッペ・フンドに乗り込み、一発大物狙いと意気込んで遠征してきたのだが、はたして。

午前中に、同行したペスカドールの一人がピラルクーを一匹捕えてきた。早朝から仕掛けておいた延縄に掛かったのである。これは、大きかった。少なくとも私がこれまでに見たピラルクーのうちでは最大であった。ブラジルには「一・五メートルに満たないピラルクーは捕ってはならない」というレギュレーションがあり、もちろんそんなことが守られているわけもないのだが、このピラルクーは明らかにその条件をクリアーしていた。体長は一・五メートルと少し。体重は三〇キロといったところだろうか。考えてみると私の釣ったものとは体長で一割強、重さでも二割ほどしか違わないはずなのだが、ボートに横たわる魚体には明らかに傑出した風格があった。それは大人と子供の差であり、一流と二流の差であり、種としてのピラルクーと世界最大の有鱗淡水魚ピラルクーとの差でもあった。

ピラルクーは、やはり、大きくなければピラルクーではないのだ。その下限が、体長一・五メートルという数字に集約されているのだ。

メシアナ島のレギュレーションではゲストが釣ったピラルクーはすべてキャッチ・アンド・リリース、つまり再放流することになっている。しかし、島民が必要最小限度捕ることは許されている。延縄に掛かったピラルクーはすでに息絶えていたこともあり、さっそく我々のランチ用としてもおすそ分けをいただくことになった。デッキに引きずり上げられたピラルクーは皮をはがれ、手際よく身が切り分けられていくが、その光景は魚を捌くというよりも一頭の大型動物の解体に近いものがある。

ブラジルには「ピラルクーを食さずしてグルメを語るなかれ」という諺がある。しかもアマゾン流域の市場に出回るピラルクーはほとんどが塩漬けにされたもので、今回のように新鮮な肉を味わう機会に恵まれたことはかなり貴重な体験であると思われる。そこで、私見までに。

まず身――というよりは正確には〝肉〟と呼ぶべきか――は薄く赤みのさした白身

で、我々の馴染みのある魚としてはブリに似ている。そこで、「これはさぞかし」と思いさっそく醤油と山葵《わさび》を持ち出し刺身でやってみたが、これはいけなかった。身に粘るような弾力があって歯ごたえが悪く、脂が乗りすぎている。しかもその脂が魚のものではなく、他の動物を想わせるような臭みがある。まだ試したことはないが、あえて例えるならば爬虫類を生で食べたような……。なんとか一切れ目を呑み下したが、二度と箸をのばす気にはなれなかった。

しかしこれに火を通すと、極上の食材に一変する。まず一般的な料理としては唐揚げがあるが、これは鶏よりもやわらかく、脂が適度に全体に馴染み、口の中でとろけてしまう。やはり動物の肉でもなく、鳥でもなく、魚でもない。ビールの肴にすると、手が止まらなくなる。

ソッパ（スープ）もいける。これはケイジョン豆をすりつぶしたソッパの中にピラルクーの肉の固まりをほうり込んで煮込んだシチューで、アマゾン周辺ではごく一般的な家庭料理のひとつである。これをライスにかけ、さらにマンジョーカ芋の粉を振って熱いうちにいただくと、それだけで満腹になったとしても後悔は残らない。

もうひとつ、単純に塩を振って焼く、という手も試してみた。これは特に肋骨のあたりがうまかったが、やはり焼き魚ではなく、ステーキである。スペア・リブである。メピンタよりも洋辛子がほしくなった。もしくはフランス料理のシェフを連れてきて、もしくはシャトーブリオンの手法を試してみたくなった。

午前中はのんびりと釣り糸を眺めて過ごし、昼近くになってボートに帰ると、すでにデッキにはテーブルが並び、ナイフとフォークも用意されている。椅子に座るとどこからともなく手が伸びてきて目の前のグラスにビールが注がれ、一杯か二杯を飲み干すうちに熱つ熱つの料理が運ばれてくる。これがうまい、あっちがいける、刺身はだめだなどと好き勝手にうつつをぬかしながら、白昼の、炎天にあぶられるような時間をやりすごす。ワインなどは見たこともないソムリエはビール一辺倒だが、アマゾンではそれも趣である。こんなことを何日も続けていると日本の浮き世のことなどいつの間にか頭の中から蒸発してしまい、なにやら植民地時代のイギリスの王侯貴族のような気分になって、言葉遣いまで上品になってくる。

しかし、魚は釣れなかった。メシアナ島のヴァルゼアはピラルクー以外はまったく釣れないが、イガラッペ・フンドにはタンバッキーや巨大なナマズ、その他様々な顔触れが揃っていると聞いていた。そこで我々はミンニョッカ・アスーという一メートルもあるミミズだとか、エビ、カランゲージョ、カタツムリ、マンジョーカ芋の団子、木の実、タライラなどレストランができるほど多彩な餌を用意したのだが、ボット（淡水イルカ）が川に入ってきたせいで魚はどこかに散ってしまい、手も足も出なかった。結局九人で一日じゅう釣りをして、ガイドのホリグチ氏が小さなナマズを一匹。あとは中内君がウトウトしている間にピララーラ（大ナマズ）に竿をもっていかれただけというアマゾンの栄光の歴史に泥を塗るような敗北に終わった。そこで本来は船上で一泊し、二日間にわたってイガラッペ・フンドを攻める予定だったのだが、ほうほうの体で退散することになった。

ただし、私はこの日、ひとつだけ貴重な経験をした。昼近くにモゾモゾとしたアタリがあり、うまく合わせると、敵は力にまかせてボートを引きずり始めた。これは竿とリールでどうにかなるような相手ではないと判断し、私、ネルソン、エロイの三人でラインを櫂に巻きつけて引っぱったのだが、そのうち川底にへばりついて動かなくなった。それでもこちらも三〇分ほどは粘ってみたが、最後には二五キロのピラルクーをごぼう抜きにした一〇〇ポンドのラインを引き千切り、逃げられてしまった。

ネルソンは、巨大な、おそらく一〇〇キロを超す淡水エイだという。

それにしても。

アマゾンは、どこが尻やら、乳房やら。

謎のナマズ。
美しい魚には刺がある。

決戦

六月二七日、四日目——。

メシアナ島の影のない灼熱にあぶられ続けていたために、私の肌は鍛え上げられた鉄のように強靭になった。同時にエロイ少年と同じように炎天でうつらうつらする術を身につけ、反して精神は鋭さを失い、怠慢の一途をたどる。

ピラルクーは釣れたではないか。

私は、奇跡を起こしたのだ。

目的は達した。それで十分ではないか。

しかし……。

この日、私は初めてネルソンと別れ、逸見氏と組むことになった。これは、私からのオーダーである。逸見氏はこと釣りに関する限り不思議な運を持った人で、この人と行動を共にしていると何か特別なことが起こる。前年の九月、パンタナールでドラードを狙った初日のことだった。南風の吹く最悪の状況の中で、他のボートで遠出をしたプロの釣り師が手も足も出せずに撤退してきたにもかかわらず、我々のボートにだけ三匹のドラードが釣れた。その数日後、アマゾン支流のウォトマン川のバウビーナダムでは、やはり大雨の中で四キロのツクナレが二匹釣れた。今年、アマゾナス州のクルル・アスー川で、私が七・五キロのトライローンを釣った時もなぜか逸見氏と同じボートに乗っている時だった。そして今回、メシアナ島に入って初日、最初のピラルクーを釣ってしまったのも逸見氏なのである。偶然はあくまでも偶発的に起こるから偶然なのであって、ここまで連続すると、たとえ根拠が見つからなかったとしても必然としての意味を持ちはじめる。

ネルソンと私とはこの三日間ですっかり意気投合し、ポルトガル語と日本語で一般人には理解できない達観した会話（？）を楽しみながら、心の奥底で通じ合える仲になっていた。彼との釣りはアマゾンそのもので、現代社会を忘れさせてくれる静謐と緊迫が共生し、すれっからしの私をザリガニ時代に引き戻してくれる魔力に満ちている。しかし、ここはひとつ、運気を変えてみる必要がある。私が逸見氏と同じボートに乗ると告げると、ネルソンは小さく頷き、しかられた子供のように肩を落としてうなだれてしまった。仕方がないのだ。私は人生に一度かもしれないこの機会に、悔いを残したくなかった。

逸見大明神の御利益がさっそく効果を発揮し、早朝にたて続けに二匹のピラルクーが釣れた。しかし一〇キロや二〇キロの小魚では精神も肉体もびくともしなくなっているので、重さも計らずに鉤だけ外して逃がしてやった。

「メダカ、ですな」

「ずい分と立派なメダカですこと」

「あの程度じゃ、昨夜の酒も抜けないね」

そんな贅沢なことをのほほんと二人での宣《のたま》いながら、朝っぱらから冷えたビールに手が伸びる。

それにしても、ピラルクーとは何者なのか。一四目より二四目。二四目よりも三匹目。釣れば釣るほど新たな一面に気がつき、知れば知るほどわからなくなってくる。最初の一匹が二五キロもあるそこそこの大物だったこともあって、私はそれを手にした瞬間に人魚を思い浮かべた。しかし一〇キロほどの小さなピラルクーを抱いてみると、もっと身近な、ある意味で懐かしさともいえる感触が心にともるのである。確かに私は、これと同じものを過去に抱いたことがあった。それは魚ではなく、人間の、しかも〝赤んぼう〟だったのではなかったか——。

このピラルクー、イコール人間の赤んぼうという感覚は、私だけのものではなかった。ネルソンも、中内君も、逸見氏も、過去にピラルクーを抱き、しかも自分の子供を育てた経験のある者は、すべからく、まるで口裏を合わせたように、「赤んぼうのようだった」と証言している。しかも大きさだとか、手ざわりだとか、重量感だとか、そういった即物的な感触だけで赤んぼうに例えているわけではない。もっと心理的な、もしくは本能に囁きかけられるように、赤んぼうに対する親密さと似たものを連想させられるのである。

その時はそれほど気にはならなかったのだが、帰国後、一冊の本と出会い、ピラルクーへの感慨をあらためて深めることになった。イギリスの女性ジャーナリスト、サマンサ・ワインバーグの著作『四億年の目撃者・シーラカンスを追って』（文藝春秋社刊）がその本である。題名が示すとおり生きた化石といわれるシーラカンスを主題として書かれたもので、ノンフィクションとしてもエンターテインメントとしても本棚に所蔵しておくべき秀作だが、もちろんのことピラルクーに関しては一行も記述はない。しかしこの本を読み進むうち、私はシーラカンスに関して書かれたものであることを知りながら、どうしてもピラルクーを連想せずにはいられなくなった。シーラカンスとピラルクー。一方はアフリカ沖のインド洋の深海に棲み、一方はアマゾンという限られた淡水域の、しかもヴァルゼアのような浅場に棲む魚でありながら、この両者にはあまりにも共通点が多い。

まず最初に、その鱗である。ワインバーグは一九三八年のシーラカンスの最初の発見者であるマージョリー・コートネイ・ラティマーの言葉を借りて、その「硬い鱗」について言及している。またシーラカンスの生息地として知られるコモロ諸島のグランド・コモロでは、その鱗を「自転車のパンク修理に使った」とも書いている。「内側のチューブを鱗でひっかいて傷をつけ、修理テープが接着しやすいようにした」と。アマゾンでもピラルクーの鱗は女性の爪を磨いたり、ペスカドールが銛の穂先を研いだりに使われる。単に「硬い」だけでなく、ヤスリとして用いられるという特殊な点でまったく一致している。

次に、食味である。私の経験からすると、ピラルクーの肉は刺身ではネコもまたいでとおるほどの代物だが、煮たり焼いたり揚げたりと火を通すことによって食材としての才能が開花する。これと同じことを、ワインバーグもグランド・コモロの漁師の話として書きとめている。ゴンベッサ（シーラカンスの現地名）は「生ではとても食べられないが、塩漬けにすれば食用にもなる」。またカリフォルニアの科学者たちが、フランス（コモロ諸島はフランス領だった）から寄贈された研究用のシーラカンスの切り身を実際に食べた記録が残っているそうである。当時のシーラカンス研究者、ジョン・マコスカー教授が語ったところによると、「実においしかった」という。

その他にも、列挙していると夜が明けてしまうほど符合がある。全身に体液によるヌメリがほとんどないこと。尾鰭の形状。頭部がきわめて頑健な頭骨によって守られていること。そして決定的ともいえるのがインドネシア沖でシーラカンスを発見し、実際にその泳ぐ姿を撮影することに成功したマーク・アドマンの次の言葉である。

「手で触れてみると、とてもやわらかだった。両手をまわして抱きしめることさえできて、そうしたら、固い大きな魚を抱きしめているというよりは、やわらかくてふかふかの赤んぼうを抱っこしているみたいだった」

なぜなのだろうか。私はこれまでに世界のありとあらゆる場所で、かなりの種類の動物をこの手に抱いた経験を持っている。しかし、少なくとも一部の哺乳類以外では、人間の赤んぼうを連想させられたことは一度もなかった。まして魚と人間とを比較してみようとする発想すら浮かんだこともなかった。ところがピラルクーとシーラカンスを抱いた者は、なぜか直感的に〝人間の赤んぼう〟を連想させられているのである。

ひとつ、この謎を解くための手掛かりがある。実はこれもワインバーグ女史からの受け売りなのだが、もしあなたが〝牛、鮭、肺魚（シーラカンスでもいい）〟の中で、遺伝学上最も関係が近いのはどれとどれか、と訊かれたらなんと答えるだろうか。ごく当たり前に考えるならば、同じ魚類である〝鮭と肺魚〟という発想が最も一般的である。しかし、正解は意外なことに、〝牛と肺魚〟なのだそうだ。なぜなら肺魚は牛の直接の祖先にあたるのに対し、鮭とはそれ以前系統樹が枝別れしたまったくの別種だからである。

この法則を次のような例文にあてはめてみるとわかりやすい。人間と牛と肺魚（シーラカンスでもよい）の中で、遺伝学上直接関係があるのはどれとどれか。答えは人間と肺魚、もしくは牛と肺魚であって、人間と牛は最も遠い親戚ということになる。そしてもし肺魚とシーラカンスが近縁であり、さらにシーラカンスとピラルクーもまた近縁であるとするならば――。ピラルクーは人間の直接の祖先ということになる。

生命の進化は、数千万年、数億年という長い時間をかけて起こる遺伝によるものばかりとは限らない。一個の生命体が、たとえば赤んぼうから大人へと成長していくことも、大義においては進化に他ならない。つまり赤んぼうは、我々の最も身近な祖先ということになる。

なぜピラルクーを抱いた時に、赤んぼうだと感じたのか。なぜシーラカンスを抱いた者が、赤んぼうを連想したのか。偶然でも錯覚でもなかったのだ。だとすればシバタテツタカなる者は御先祖様の口に鉤を掛けて釣り上げ、赤んぼうの肉を食べてしまったことになるではないか。

汝の罪を許したまえ。

アーメン……。

午前九時二〇分――。

何の前触れもなく、賢者が忍び寄るように幕が開いた。音もなく、一片の気配も残さずに、ウキだけが水面から消えた。

炎天のヴァルゼアは、ウトウトとして平穏にまかせている。何も変わらない。ムラサキホテイが咲きほこり、彼方からは水鳥のさえずりが流れてくる。にわかに風が吹くこともなく、雲が涌くこともなかった。しかし、私の意識の中で風景は少しずつ色彩を失い、鉛色の霞が広がり始めた。

何かが起こる予感があった。

それまでの怠慢が肉体から撤退を開始する。同時に五感のすべてが野性に目覚め、先端が研ぎ澄まされていく。

魚、か……。

魚、だ。

普通、ピラルクーは、餌をくわえてから一〇秒から二〇秒、せいぜい三〇秒ほどで何らかの動きを見せる。餌を呑み込んで疾るか、それとも吐き出してウキが浮き上がるか。少なくとも過去のピラルクーはそうだった。

しかし、〝奴〟は違った。動かない。徹底して、沈黙を決め込んだ。私はボートの上に立ち、竿をかまえ、幾度となく息を整えた。〝奴〟は何を考えているのか。こちらの気配に気がついたのか。それとも、餌を呑み下そうとしているのか。

リールのハンドルをロックし、余分なラインをスプールに巻き取る。ラインの上に右手の親指を添えて、相手の気配に集中する。しかし、反応はない。

逸見氏が、訝《いぶか》し気《げ》な表情で私の様子に見入っている。

「アタリ、ですか」

「たぶん」

「ピラルクー、ですか」

「おそらく……」

永遠とも思える膠着《こうちゃく》が続いた。それでも動かない。いや、お互いに、動けないといった方が正確だったかもしれない。〝奴〟は繊細で、用心深く、頑なだった。駆け引きを楽しんでいるのか、それとも臆病なだけなのか。たとえ臆病であったとしても、それは一個の生命体としての秀でた資質に他ならない。必要以上に大胆な者は、いずれそれが原因で命を落とす。臆病な者だけが生き長らえることができる。それが野生の鉄則だ。臆病であることは、すなわち、強者であることをも意味している。

炎天の陽光も、ムラサキホテイの甘い香りも、水鳥たちのさえずりも、やがてすべてが周囲の世界から消えた。私はラインに添えられた一本の親指だけでアマゾンに接し、意識を一点に収束して心を閉ざした。

間合いを測る。

時間が停止した。

その時、親指が一拍の鼓動を感じた。ともすれば錯覚として受け流してしまうほどのかすかな鼓動だった。しかし、私にはわかった。〝奴〟は、いま、餌を呑んだ……。

覚醒の波動が一気に疾り抜けた。同時に肉体と精神のすべてをぶつけ、竿を跳ね上げた。

掛かった！

〝奴〟は、対岸に向かって突進した。瞬時にして全身の筋肉が臨界に達し、その力を受け止めた。だが、事態は予想の範囲を超えた。それまで一度も限界に達したことのなかったＡＢＵ七〇〇〇番のドラグが、うなりを上げて空転し、ラインを吐き出し始めた。

まさか……。

その時、私は思い知らされた。〝奴〟がそれまでのピラルクーとはまったく別物であることを。

ラインは、ナイロンの一〇〇ポンドである。普通、これほど太いラインが淡水の釣りに使われることはない。海でもクロカジキやジャイアント・トレバリー、タイガーシャークなどの大物に十分に通用するだけの強度がある。

私は特に大物釣りに関しては、太いラインを好んで使う。細いラインを使い、リールの性能に頼りながらやりとりを楽しむ釣りも、釣り師が技や記録を競うという面においては意味があるのかもしれない。だが、相手は魚なのだ。命がけで挑んでくる。その力を極力太いラインを介し、人間もまた全身で受け止めることが命ある者に対する礼節ではないのか。力と力の勝負こそ、大物釣りの本懐ではないのか。

当然のことながらABU七〇〇〇番のドラグも、ラインの強さに合わせて極限まで絞めつけてある。いくら世界最大の淡水魚とはいえ、常識的に考えれば、そのドラグが限界を超えるとは思えなかった。しかしその〝怪物〟は、平然と、あざ笑うかのように、リールからラインを引きずり出していく。

マスキー・ロッドはその張力に耐えかねて根元まで締め上げられ、カーボンの繊維がねじれるような無気味な音を立てて軋んだ。しかし、それでも止まらない。怪物は、対岸のムラサキホテイのブッシュを目指し、力まかせに突進する。

幸いポイントは、カナウが広く開けた水域だった。〝奴〟が掛かった中央の流れから対岸までは、三〇メートルほどの距離があった。だが、〝奴〟は間もなく対岸に到達する。ブッシュに逃げ込まれれば、ラインが切れる。勝負はそこで終わる。

私は壱か八かの賭けに出た。考えたわけではなかった。それまでの長年の経験で、体が自然に反応したのだと思う。〝奴〟が対岸に到達する寸前に、あえて力を抜いてラインをゆるめ、さらに竿を倒したまま強引に左側に振った。

〝奴〟はまんまと思惑に乗ってきた。対岸の直前で方向を変えた。今度は左手から回り込むように、こちらに向かってくる。

しめた、と思ったのも束の間だった。ラインが完全に目標を失い、手応えがなくなった。〝奴〟は、力まかせにラインを引き千切ることをあきらめ、鉤を振り払う作戦に出た。空回りするほど軽くなったハンドルを回し、ラインを巻き取る。間に合うのか。間に合った。ラインにテンションが戻った。竿を立てた。

またしても〝奴〟は方向を変えた。カナウの上流を目指し、疾った。竿が軋み、ドラグがうなった。やっとの思いで巻き取ったラインが、なす術もなく取り戻されていく。

ひたすらに、耐える。その圧力に、筋肉が熱く張りつめる。〝奴〟は、どこまで疾る気なのか。

気がつくとエロイ少年が、ボートのアンカーを解き放とうとしていた。何かを、大声で叫んでいる。大物が掛かるといつもそうしているように、ボートで追おうというのである。しかし私は、それを手で制した。一対一。何物も介在させず、力と力で勝負に決着をつけたかった。

〝奴〟は一度たりとも水面に跳ね上がろうとはしなかった。それが自らの体力を奪うだけの、何の効果もない愚かな行為であることを知っているのか。それともアマゾンの帝王としての、自らの剛力に誇りを持っているのか。ひたすらに突進につぐ突進という戦術を始終変えようとはしなかった。

対して私の頼るものも、力だけだ。その力も、ある時点で、概念の上での限界を超えていた。そこから先は、〝奴〟にとっても、私にとっても、未知の領域だった。しかし、私は本能のどこかで予見していた。ラインが切れるか。竿が砕けるか。リールが破壊されるか。偶発的な不確定要因が水を差さない限り、私が〝奴〟に敗れることはけっしてないことを。

時間的な感覚は、最初のアタリがあった直後からすでに私の中には存在していなかった。後に逸見氏に訊ねると、やりとりに要した時間は「せいぜい二〇分といったところ」だという。それほど短かったのだろうか。概して太いラインを使うほど、勝負は短時間で決着する。だが私にとって時間という記録は、いずれにしてもそれほど大きな意味は持っていない。たとえそれが数分であれ、数時間であれ、やがては一瞬の輝ける記憶に昇華することになる。

いつの間にか、あれほど遠く感じられた〝奴〟との距離も少しずつ縮まり始めていた。それでも〝奴〟は、けっしてあきらめようとはしない。突進し、反転し、さらに突進を繰り返しながら、アマゾンの帝王としての威厳を保ち続ける。その度にリールはあえぎながらラインを吐き出し、私の筋肉は熱く張りつめる。やがてはそれも散発的なものとなり、力も、速度も、次第に衰えを隠せなくなってきた。

いま、手を伸ばせば届きそうなほど近くの水面下に〝奴〟がいる。もうやめようじゃないか。そろそろ決着をつけようじゃないか。それでも〝奴〟は死力をつくしてボートの下に潜り込み、最後の抵抗を試みる。しかしこれも無駄であることを悟ると、体を回転させ、弧を描くようにカナウの中央へと浮き上がった。

その時初めて、魚影の全貌を見た。巨大だった。ひと目でイガラッペ・フンドでペスカドールが捕えた一・五メートルのピラルクーを超えていることがわかった。私はその雄大な魚体と、腹から尾にかけてちりばめられた赤い宝石の美しさに息を呑んだ。それは、かつて、幾度となく、心の中に想い描いた光景とまったく同じだった。私は勝利を確信した。しかし、不思議なことに、期待していたほどの高揚はなかった。むしろひとつの目的が達成されることへの安堵と共に、心の隙間に一抹の淋しさにも似た感情が芽生えた。

息が入ってからも、〝奴〟は決然としていた。すべてを使い果たし、それ以上は無駄にあがこうともせず、カナウの水面のおだやかな流れに身をまかせて漂った。

お前は十分に戦った。立派な戦士だった。その戦いぶりはすべてにおいてアマゾンの帝王の名にふさわしく、威厳に満ちていた。最後に力つきてその魚体をボートの底に横たえた時、私の全身もまた溶けかけた鉛のように打ちのめされていた。

私は肩で息をしながら、あらためてその巨大さに圧倒された。それはまぎれもなく、世界最大の有鱗淡水魚としてのピラルクーに他ならなかった。

私はこの腕に、アマゾンの帝王を抱いた。

確かに、抱きとめたのだ。

1.6メートル、40キロ（推定）の巨体。
アマゾンの帝王をこの腕に！

人魚の涙

アマゾンの深い森の中に、クルピーラという精霊が棲んでいる。インディオの伝承によると、クルピーラは人の形をしているが、頭が大きく、踵が逆についているのでそれとわかるという。クルピーラは後ろ向きに歩きながら悪行を働く人間を森に誘い入れ、これをこらしめる。ある時にはボット（カワイルカ）を使って男を誘惑したり、ガリバー（ホエザル）を使って森に迷い込ましたりするという。

時として私は、ピラルクーもまたクルピーラの使いではないかと思うことがある。これまでに何人の男たちがピラルクーに魅せられ、アマゾンの森の中に迷い込み、人生を狂わされたことだろうか。私もまた、ピラルクーを求め続けた二十数年の間、クルピーラに魔法をかけられ、アマゾンの幻の中をさまよい続けてきたのかもしれなかった。しかし、クルピーラは、私に一匹のピラルクーを与えてくれた。単なる気紛れなのか。それとも、何か他に重要な意味があったのだろうか。

支配人のジェゴ・ボーンによると、レベロ氏がヴァルゼアに人工のカナウを建設してから後、ピラルクーの大型の個体はことごとく本流に下りてしまったとのことである。現在メシアナ島のヴァルゼアに生息する個体は、ごく一部の例外を除いて最大でも四〇キロクラスだという。

私が釣ったピラルクーは、体長がちょうど一メートル六〇センチあった。網に包んで秤にかけてみると、三〇キロまで刻まれた目盛りをいとも簡単に振り切ってしまった。推定で四〇キロ前後といったところだろうか。だとすれば、私の釣ったピラルクーは種としての最大級とはいえないまでも、現時点で竿とリールによって釣れるものとしては紛れもなくランカー（記録物）ということになる。

しかし、クルピーラは耳元で囁く。ひとつの夢を達成することは、ひとつの夢を失うことにもなるのだ、と。

たったひとつ、わかったことがある。なぜ開高氏はピラルクーを追い求めたのか。なぜケッコーネン大統領はピラルクーに挑んだのか。そしてヘミングウェイは『老人と海』の中でサンチャゴ老を大魚と戦わせることによって、何を語ろうとしたのか。『老人と海』に関してはこれまで数多くの有名無名の評論家たちがこの作品と格闘し、ヘミングウェイの意図を探り、解説を試みてきた。いわく、あの釣りのシーンは人生を投影しているのだと。いわく、あの大魚はサンチャゴ老の分身であるのだと。確かにそれらの評論は、ある意味で的を射たものであるのかもしれない。しかし私はあのピラルクーと対した時間の中で、もしくはその前後を含めたとしても、釣りを人生の投影とは感じなかった。相手を自分の分身などとも思わなかった。ヘミングウェイは、大魚と渡り合った一人の経験者として、もっと単純なことを明確に伝えたかったのではあるまいか。

力、なのだ。自らの力を、確かめたかったにすぎないのだ。作品に行き詰まった小説家。老いと戦う政治家。明日をも知れぬ老漁師。彼らはすべて、日常を変える必要があるという点で一致していた。そのためには、自信を取り戻すことが必要だった。何かに力をぶつけてみなければならなかった。それだけのことなのだ。

もし大魚と戦い、勝利することができれば、その自信が明日を生きるための糧となる。仮に敗れたとしても、己の限界を知り、納得して現実を受け入れることができる。開高氏やケッコーネン大統領にとって、世界最大の有鱗淡水魚ピラルクーは、自らを試す相手として格好の存在だったのではなかろうか。理屈ではない。未知の者、強大な者に挑むことは人間の闘争本能なのだ。男は、太古の昔から、みなそのようにして生きてきた。

男であることを、自分自身に証明するために。強さゆえにではなく。自らの弱さ、脆さを知るがゆえに。

六月二八日、最終日——。

午前中は釣り場にも行かず、ひとりでカノアに乗ってリオ・ジャカレを下り、ジャングルを歩き、ボットやガリバーとたわむれて過ごす。しかしいくら耳を澄ましても、クルピーラの声を聞くことはできなかった。

午後になってジェゴ・ボーンに誘われ、水牛の背に乗って退屈しのぎに釣り場に出向くが、十数年連れ添ったABUもマスキーも持っていかなかった。ヴァルゼアは、華やかだった。中内君が、ついにルアーでピラルクーを釣った。残間氏も、小さいけれど二匹上げた。ネルソンは、四〇キロクラスの大物をものにした。あちらこちらから歓喜の声が聞こえてくる。

私も手元にあった竿を一本借りて、気紛れにルアーを投げてみる。わずかの時間に計六回のストライクがあったが、ラインを切られたり、ブッシュに入られたりしてすべて逃げられてしまった。しかし私は悔恨の念も覚えず、未練に駆られることもなかった。

火は消えたのだ。

私はすでに、これ以上ピラルクーを釣りたいとは思ってはいない。アマゾンの帝王としての気高さを傷つけることも、いとおしく抱きしめることも、あの美しい魚体が色褪せる姿を見ることも望んではいない。

それは長年身をやつした、身を焦がすほどの恋との決別にも似ている。永遠を望む一方で、心の片隅で終息に安堵する。夢は醒め、余韻だけが胸の中でくすぶる。

もし私がもう一度ピラルクーを釣ることがあるとすれば、一〇年後か。それとも二〇年後か。老いを積み重ね、力の衰えを知り、不安と焦燥に耐えられなくなった時に、いつの日にかアマゾンの精霊の声を聞くことがあるのかもしれない。

ブラジルには、ピンガという酒がある。これはサトウキビを蒸留して作られるスピリッツである。しかし私は思うところがあって、メシアナ島に入ってからの数日間、このピンガを断っていた。

今夜は宿に帰り、メシアナ島最後の夜をピンガに沈み込んで過ごすこととしたい。友と語らい、夢の余韻を味わいながら、つきることなく。

願わくば戦い終えし戦士のグラスに。

人魚の涙を。

一滴。

巨大魚ピラルクーの頭部。
一億年を生き抜いた化石。

メシアナの帝王。
奇跡と歓喜の瞬間。

偉大なる先達者に〜あとがきにかえて

「換骨奪胎《かんこつだったい》」という言葉がある。

日本の文芸に古くから用いられた言葉で、『広辞苑』（岩波書店）によると、「詩文を作る際に古人の作品の趣意は変えず語句だけを換え、または古人の作品の趣意に沿いながら新しいものを加えて表現すること」という意味になる。

この『オーパ！の遺産』は、言うまでもなく故・開高健氏の釣り文学「オーパ！」（集英社）をモチーフとした換骨奪胎である。開高健氏のアマゾンに対する憧れと、彼の地で世界最大の有隣淡水魚《ゆうりんたんすいぎょ》ピラルクーを釣るという趣意を変えることなく、独自の経験を踏まえ、新しいものを加えて表現することに努めた。

開高健氏は、日本の文学界が生んだ二十世紀の最も偉大な文筆家の一人である。その作品に挑むことは、同じ文筆家としてひとつの冒険であり、賭けでもあった。もちろんその文章力、知識、哲学などすべての面において、開高氏の域には遠く及ばないものであることは真摯《しんし》に受けとめたい。しかし、アマゾンの気紛《きまぐ》れな自然は、私に一匹のピラルクーを与えてくれた。そこには何らかの運命の意志が介在したこともまた信じて疑わない。『オーパ！』の衝撃を知る世代はもちろんのこと、知らない世代の読者も含め、拙著が開高健氏の釣り文学の価値を再認識させるきっかけになれば光栄である。

いま、我々は二一世紀という時代を確実に歩みはじめている。開高氏がアマゾンの地に初めて足を踏み入れてからすでに三〇年。時代は大きく移り変わっている。世界じゅうで異常気象が叫ばれ、各地から環境破壊の声が届き、日夜、地球上のどこかで天変地異が起きている。団塊の世代は夢を失い、若者は目的を見つけることもできず、部屋に閉じこもりながらコンピュータを前にバーチャルの世界に避難する。すべての価値判断基準を金銭に換算し、その歪《ゆが》んだ感性に疑いを持つことも知らない。

しかし、アマゾンはそこにある。今ならばまだ、間に合うのだ。

釣りをコンピュータの画面で楽しむ若者を見た時、開高氏ならなんと言うだろうか。おそらく、きっと、こう言うに違いない。

若者よ、「悠々として急げ」と——。

二〇〇六年三月二八日

柴田哲孝

（この作品『オーパ！の遺産』は、平成十八年四月に
ＷＡＶＥ出版から四六判で刊行されたものです）

一〇〇字書評

切り取り線

購買動機（新聞、雑誌名を記入するか、あるいは○をつけてください）

- □（　　　　　　　　　　　　）の広告を見て
- □（　　　　　　　　　　　　）の書評を見て
- □ 知人のすすめで
- □ タイトルに惹かれて
- □ カバーが良かったから
- □ 内容が面白そうだから
- □ 好きな作家だから
- □ 好きな分野の本だから

・最近、最も感銘を受けた作品名をお書き下さい

・あなたのお好きな作家名をお書き下さい

・その他、ご要望がありましたらお書き下さい

住所	〒		
氏名		職業	年齢
Eメール	※携帯には配信できません	新刊情報等のメール配信を 希望する・しない	

この本の感想を、編集部までお寄せいただけたらありがたく存じます。今後の企画の参考にさせていただきます。Eメールでも結構です。

いただいた「一〇〇字書評」は、新聞・雑誌等に紹介させていただくことがあります。その場合はお礼として特製図書カードを差し上げます。

前ページの原稿用紙に書評をお書きの上、切り取り、左記までお送り下さい。宛先の住所は不要です。

なお、ご記入いただいたお名前、ご住所等は、書評紹介の事前了解、謝礼のお届けのためだけに利用し、そのほかの目的のために利用することはありません。

〒一〇一－八七〇一
祥伝社文庫編集長　坂口芳和
電話　〇三（三二六五）二〇八〇

祥伝社ホームページの「ブックレビュー」からも、書き込めます。

http://www.shodensha.co.jp/bookreview/

祥伝社文庫

オーパ！の遺産《いさん》

平成23年7月25日　初版第1刷発行

著　者　柴《しば》田《た》哲孝《てつたか》

発行者　竹内和芳

発行所　祥伝社《しょうでんしゃ》

東京都千代田区神田神保町3-3
〒101-8701
電話　03（3265）2081（販売部）
電話　03（3265）2080（編集部）
電話　03（3265）3622（業務部）
http://www.shodensha.co.jp/

印刷所　堀内印刷
製本所　関川製本
カバーフォーマットデザイン　芥陽子

Printed in Japan ©2011, Tetsutaka Shibata ISBN978-4-396-33693-6 C0126

祥伝社文庫の好評既刊

岡崎大五　アフリカ・アンダーグラウンド

ニッポンの常識は通用しない!!　自由と100万ユーロのダイヤを賭けて、国境なきサバイバル・レースが始まる！

佐伯泰英　眠る絵

第二次世界大戦中スペイン大使だった祖父が蒐集した絵画。そこには大いなる遺志と歴史の真実が隠されていた！

佐伯泰英　暗殺者の冬

カリブに消えた日本船がなぜ奥アマゾンに？　行方を追う船員の妻は、背後に蠢《うごめ》く国家的謀略に立ち向かう！

原　宏一　ダイナマイト・ツアーズ

自堕落夫婦の悠々自適生活が急転直下、借金まみれに！　奇才・原宏一が放つはちゃめちゃ夫婦のアメリカ逃避行。

渡辺裕之　傭兵代理店

「映像化されたら、必ず出演したい。比類なきアクション大作である」同姓同名の俳優・渡辺裕之氏も激賞！

渡辺裕之　悪魔の旅団《デビルズブリゲード》　傭兵代理店

大戦下、ドイツ軍を恐怖に陥れたという伝説の軍団再来か？　孤高の傭兵・藤堂浩志が立ち向かう！

祥伝社文庫の好評既刊

渡辺裕之　復讐者たち　傭兵代理店

イラク戦争で生まれた狂気が日本を襲う！　藤堂浩志率いる傭兵部隊が米陸軍最強部隊を迎え撃つ。

渡辺裕之　継承者の印　傭兵代理店

ミャンマー軍、国際犯罪組織が関わるかつてない規模の戦いに、藤堂浩志率いる傭兵部隊が挑む！

渡辺裕之　謀略の海域　傭兵代理店

海賊対策としてソマリアに派遣された藤堂浩志。渦中のソマリアを舞台に、大国の謀略が錯綜する！

渡辺裕之　死線の魔物　傭兵代理店

「死線の魔物を止めてくれ」。悉く殺される関係者。近づく韓国大統領の訪日。死線の魔物の狙いとは⁉

渡辺裕之　万死の追跡　傭兵代理店

米の最高軍事機密である最新鋭戦闘機を巡り、ミャンマーから中国奥地へと、緊迫の争奪戦が始まる！

渡辺裕之　聖域の亡者　傭兵代理店

チベット自治区で解放の狼煙を上げる反政府組織に、傭兵・藤堂浩志の影が⁉　そしてチベットを巡る謀略が明らかに！